统计学：在农林经济管理中的应用

Statistics: Application in Agricultural and Forestry Economic Management

主 编 任秀峰 张连刚 李凤座

中国经济出版社
CHINA ECONOMIC PUBLISHING HOUSE

图书在版编目（CIP）数据

统计学：在农林经济管理中的应用/任秀峰，张连刚，李凤座主编. --北京：中国经济出版社，2024.8.
（中经金课理学类精品课程）. --ISBN 978-7-5136-7874-2

Ⅰ.F302
中国国家版本馆CIP数据核字第20245MS490号

选题策划　雷　生
责任编辑　彭　欣
责任印制　马小宾
封面设计　牧野春晖

出版发行　中国经济出版社
印　刷　者　北京富泰印刷有限责任公司
经　销　者　各地新华书店
开　　　本　889 mm×1194 mm　1/16
印　　　张　11
字　　　数　240千字
版　　　次　2024年8月第1版
印　　　次　2024年8月第1次
定　　　价　52.00元
广告经营许可证　京西工商广字第8179号

中国经济出版社　网址 www.economyph.con　社址 北京市东城区安定门外大街58号　邮编 100011
本版图书如存在印装质量问题，请与本社销售中心联系调换（联系电话：010-57512564）

版权所有　盗版必究（举报电话：010-57512600）
国家版权局反盗版举报中心（举报电话：12390）　服务热线：010-57512564

前言 PREFACE

统计学是关于数据收集、数据处理、数据分析等的一门科学。统计学的方法几乎都是从数学方法的基础上发展而来，有着严密的论证和清晰的逻辑。由于自身的这些特点，它能为其他学科提供数据分析相关的一整套方法。农林经济管理学是从经济学与管理学的角度研究农林业的问题。农林业的发展对于乡村振兴与解决"三农"问题的理论与实践，以及整个国民经济的发展都有着重要影响，统计学数据分析的方法对农林经济管理学科发展有着重要意义。

现有的教材已经将统计学应用于经济学、管理学、医学、心理学、生物学等领域，然而至今还没有一本将统计学应用于农林经济管理的教材，这对于农林经济管理的学科发展与研究不能不说是一个遗憾。本书试图介绍如何将统计学中的方法应用到农林经济管理中，通过理论讲解和案例相结合的方法让读者更容易理解和掌握这些方法。本书的一个亮点就是案例与软件操作的结合，书中所讲案例都有对应的软件操作步骤，并从农林经济管理的角度对软件呈现的结果进行解释。可以说本书是一本对农林经济管理实践和研究都有帮助的书籍。本书的另一个亮点就是通俗易懂，统计学公式和理论的推导和证明对于很多非数学专业的读者而言较难，本书放弃了大量的统计理论推导和证明过程，从方法的主要内容和该方法可以解决什么样的问题出发，结合案例进行讲解，通俗易懂，即使没有学习过高等数学和概率论与数理统计的读者也能通过本书有所收获。本书可用于农林类研究生、本科、专科、职业院校的统计学教材，也可作为农林经济管理研究者的参考书。

本书的特色是理论联系实际，在讲解理论的同时，通过分析农林经济管理实践案例，加深对理论的理解。本书共9章，第1章是对统计学、统计软件、农林经济管理学科的介绍。第2章到第4章是统计学的基础知识，包括数据的收集与初步处理，常用的统计分布、推断统计。没有学过统计学的同学需要认真学习第2章到第4章的内容。第5章到第9章是统计学方法在农林经济管理中应用的实践案例讲解，这部分内容可以作为统计学的上机实验使用。由于所有的案例都与农林经济的管理实践和农林经济的研究有关，所以具备一定统计学基础、想要做农林经济管理研究的同学可以直接学习第 5 章到第 9 章的内容。本书从第 2 章开始每一章都安排了课后练习题，课后练习题都是与书中例题采用的方法相同，锻炼读者举一反三、灵活应用的能力。通过章节学习掌握方法后再做课后练习题加以巩固是掌握统计学方法的快速有效途径，所以读者朋友们要重视课后练习题部分。

为了节省篇幅，课后练习题的数据量较小，但是都可以通过 STATA 和 SPSS 软件进行分析。数据量小可能会造成分析的结果稳健性表现不佳，但我们主要是学习软件使用，因此可以不必过分在意结果的稳健性和一致性问题。

目录 CONTENTS

第 1 章　统计学在农林经济管理中的应用概述 ……………………… 001
    1.1　统计软件介绍 ………………………………………………………… 002
    1.2　农林经济管理学科介绍 ……………………………………………… 003

第 2 章　数据资料的收集与初步处理 ………………………………… 005
    2.1　数据的来源 …………………………………………………………… 005
    2.2　数据的初步分析 ……………………………………………………… 008
    2.3　思考与练习 …………………………………………………………… 014

第 3 章　常用统计分布与统计分布的模拟 …………………………… 016
    3.1　常用统计分布的概率密度函数 ……………………………………… 016
    3.2　常用统计分布的累积概率及其逆运算 ……………………………… 023
    3.3　常用统计分布的模拟 ………………………………………………… 030
    3.4　思考与练习 …………………………………………………………… 034

第 4 章　农林经济管理中常用的推断统计 …………………………… 037
    4.1　参数估计 ……………………………………………………………… 037
    4.2　假设检验 ……………………………………………………………… 043
    4.3　分类数据的独立性检验 ……………………………………………… 052
    4.4　方差分析 ……………………………………………………………… 055
    4.5　思考与练习 …………………………………………………………… 063

第 5 章　主成分分析法与因子分析法在农林经济管理中的应用 …… 066
    5.1　主成分分析法 ………………………………………………………… 067

5.2 主成分分析法在农林经济管理中的应用 ……………………………… 068

5.3 因子分析法 ……………………………… 072

5.4 因子分析法的步骤 ……………………………… 073

5.5 思考与练习 ……………………………… 085

第 6 章 熵值法与熵权法在农林经济管理中的应用 ……………………………… 088

6.1 熵值法 ……………………………… 088

6.2 熵值法在农林经济管理中的应用 ……………………………… 089

6.3 熵权法 ……………………………… 097

6.4 熵权法在农林经济管理中的应用 ……………………………… 098

6.5 思考与练习 ……………………………… 104

第 7 章 线性回归在农林经济管理中的应用 ……………………………… 106

7.1 线性回归 ……………………………… 107

7.2 回归方程的设定和系数估计 ……………………………… 108

7.3 回归分析在农林经济管理中的应用 ……………………………… 110

7.4 思考与练习 ……………………………… 127

第 8 章 二元选择模型在农林经济管理中的应用 ……………………………… 130

8.1 Logistic 模型分析概述 ……………………………… 130

8.2 二元 Logistic 回归分析 ……………………………… 131

8.3 多元 Logistic 回归分析 ……………………………… 137

8.4 思考与练习 ……………………………… 145

第 9 章 双重差分法在农林经济管理中的应用 ……………………………… 148

9.1 双重差分法 ……………………………… 148

9.2 双重差分法在农林经济管理中的应用 ……………………………… 150

9.3 双重差分模型检验 ……………………………… 158

9.4 思考与练习 ……………………………… 163

期末检测题 ……………………………… 165

参考文献 ……………………………… 168

第 1 章
统计学在农林经济管理中的应用概述

本章主要是对统计学在农林经济管理中的应用做一个概括性的介绍。农林经济管理学科是从经济与管理的视角研究农业和林业问题,它在推动我国农业与林业发展中有重要作用。农林经济管理离不开对统计数据、统计方法、统计决策等的使用,可以说,统计学已经融入农林经济管理的方方面面。

农林经济管理学科是一门研究如何有效地管理、组织和控制农业和农村经济活动的学科,旨在解决社会、经济和环境等多方面问题。该学科涵盖了多个领域,包括农业、林业、农业心理学、农村社会学等,主要目标是提高农业生产率、提高农村经济的发展水平和促进农村社会的全面发展,研究领域包括农业生产、农村经济、农村地区社会学和心理学、农村地区统计和评估等;同时,该学科还包括农业技术和企业管理、农业经济和金融、农产品营销和品牌建设等内容,以及农村地区可持续发展方面的研究。

统计学在农林经济管理学科中具有重要的应用价值,主要用于研究农业生产、农村经济和农村社会等方面的数据,能够深入了解和预测农业生产活动的结果。在农业生产领域,统计学可用于种植业、养殖业、林业和渔业等领域,分析气象和土壤等数据,预测农作物的产量、质量和成本,帮助农民更好地管理农作物,提高农业生产效率。在农村经济领域,统计学可用于研究农村产业结构、金融和土地管理等方面的问题,分析市场和消费者行为等数据,了解消费者对农村产品的需求和偏好,帮助农民调整农村产业结构,提高农村经济的发展水平。在农村社会领域,统计学可用于研究农村社会结构、文化和社会行为等方面的问题,比如,统计学家可以通过分析农村社会和环境等数据,了解农村地区的发展趋势,为制订可持续的农村地区发展计划提供数据支持。

1.1 统计软件介绍

统计软件的种类较多，比如 SPSS 软件、STATA 软件、MATLAB 软件、SAS 软件、R 软件。这些软件各有特点，其中 SPSS 软件和 STATA 软件是农林经济管理研究中使用最为普遍的软件。下面对两款软件的特点进行介绍。

1.1.1 SPSS 软件介绍

SPSS 是一款备受青睐的统计软件，由 Statistical Product and Service Software 公司开发和销售。它提供了各种统计分析功能，包括描述性统计、假设检验、方差分析、回归分析、聚类分析等，能满足各种不同的数据分析需求。

SPSS 的界面简单易操作，同时提供了数据导入和导出功能，可以将数据从各种来源导入或导出为 SPSS 的格式。

SPSS 具有以下几个优点：

（1）具有广泛的数据类型和统计函数，可以满足各种数据类型统计分析的需求。

（2）提供交互式的可视化工具，可以帮助更好地理解数据分析结果。

（3）具有强大的数据处理功能，可以轻松地处理大量数据。

（4）SPSS 的统计结果可以进行标准化处理，以便更好地与实际数据进行比较。

（5）提供了广泛的自定义选项，可以让用户根据实际需求自定义分析程序。

（6）具有良好的用户支持，提供了完善的培训和文档支持。

1.1.2 STATA 软件介绍

STATA 是一款备受欢迎的统计软件，由 STATA 软件公司开发和销售。STATA 具有各种统计分析功能，包括描述性统计、假设检验、方差分析、回归分析、聚类分析等。

STATA 的用户界面设计得相当简单，它提供了数据导入和导出功能，方便将数据从各种来源或格式中进行导入和导出，保证数据质量。

STATA 具有以下几个优点：

（1）STATA 的数据类型和统计功能非常丰富，可以满足各种不同的数据分析需求。

（2）提供了交互式的可视化工具，用户可以更好地理解数据分析结果。

（3）在处理大量数据方面表现出色，能够提供高效率的数据处理服务。

（4）STATA 的统计结果可以进行标准化处理，以便更好地与实际数据进行比较。

（5）提供了丰富的自定义选项，可以让用户根据实际需求自定义分析程序。

（6）提供了完善的用户支持，有助于用户快速掌握软件的使用方法并提供相关的培训和文档支持。

1.1.3 统计软件对比

SPSS 和 STATA 是目前农林经济管理研究中被广泛使用的两种软件，SPSS 比 STATA 更容易上手。初学者在充分掌握统计学的方法和原理后，可以很快学会在 SPSS 软件上对相应方法进行操作与结果解读。STATA 软件使用难度较大，初学时需要花费更多时间，但入门后 STATA 软件强大的统计功能和作图能力对农林经济管理的研究有很大帮助。农林经济管理中用到的所有统计方法几乎都可以在 STATA 软件中实现。另外，用户也会将自己编写的统计分析程序上传 STATA 软件公司申请审核，审核通过后，用户编写的命令程序就可以在 STATA 官网上发布。由于全球 STATA 软件的用户基数很大，所以 STATA 软件统计程序更新速度极快，农林经济管理方面最前沿的研究方法一出现，STATA 软件很快就可以有与之对应的命令程序供用户使用。

1.2 农林经济管理学科介绍

1.2.1 农林经济管理学科的发展

农林经济管理学科是一门研究有效管理、组织和控制农业和农村经济活动的学科，与粮食安全和农业的可持续发展密切相关。随着人口增长和气候变化等问题备受关注，农业在可持续发展、环境保护和经济学等方面扮演着越来越重要的角色。自 20 世纪 50 年代以来，农林经济管理在西方发达国家得到了广泛的应用和发展。农林经济管理学科覆盖农业、林业、渔业、经济学、社会学、环境科学等领域，研究内容包括农产品市场与营销、农产品质量管理、农业绩效管理、农村经济发展、可持续农业等。未来，农林经济管理专业的发展将更加关注组织和可持续发展，具体是可持续农业的发展。可持续农业是指采取某种合理使用和维护自然资源的方式，实行技术变革和机制性改革，以确保当代人类及其后代对农产品需求的可以持续发展的农业系统。可持续农业是一种通过管理、保护和持续利用自然资源，调整农作制度和技术，不断满足当代人类对农产品的数量和质量的需求，又不损害后代利益的农业，是一种能维护和合理利用土地、水和动植物资源，不会造成环境退化，同时在技术上适当可行、经济上有活力、能够被社会广泛接受的农业。未来的可持续农业将更加关注智能化、信息化和数据化，包括智能化育种、智能化营销、智能化经营管理等方面。

1.2.2 农林经济管理与其他学科的交叉

农村社会学和环境科学的发展受到广泛的关注。这些学科领域关注农村社会、文化、心理和行为的发展以及农村与城市、技术与环境的关系，为解决粮食安全和环境等问题提供理论依据和实践支持。经济学在解决粮食安全和农业发展问题方面仍然发挥着重要作用，未来的经济学将更加关注资源配置的最优化、收入分配的公平性和可持续性等问题，因此农林经济管理专业的发展将更加关注组织的可持续性和绩效管理。随着现代科学技术的不断发展，农林经济管理专业在数据收集、数据分析、模型构建等方面都取得了很大的进展，这些技术应用对于研究、设计和预测具有重要的作用，为组织的可持续性和绩效管理提供了重要的支持。除此之外，农林经济管理专业还将更加关注数字化和网络化。数字化技术已经为农业经济提供了新的发展机遇，可以实现农产品可追溯，建立农产品市场平台，提高农产品的附加值。网络化技术则为农民和市场提供了新的链接方式，农民可以通过网络销售农产品，进一步提高农产品的市场竞争力。

第 2 章 数据资料的收集与初步处理

Chapter Two

数据收集和初步分析在统计学中非常重要,因为它们直接影响着统计分析的结果和结论的可靠性。

数据收集。数据收集是统计分析的基础,它涉及收集各种类型的数据,包括定量数据和定性数据。正确的数据收集方法可以确保数据的全面性和准确性,从而为后续的统计分析提供可靠的数据支撑。

数据清洗。数据清洗是数据初步处理的重要环节,它包括对数据进行筛选、去除异常值、填补缺失值等操作,以确保数据的质量和准确性。数据清洗可以帮助排除数据中的噪声和错误,从而提高数据的可信度。

数据转换。数据转换是指对原始数据进行处理,使其符合统计分析的要求。例如,对数据进行标准化、归一化等操作,可以使不同尺度的数据具有可比性,从而更容易进行统计分析。

数据探索。在进行统计分析之前,通常需要对数据进行初步的探索性分析,以了解数据的分布、相关性等特征。这有助于选择合适的统计方法和模型,避免在分析过程中出现偏差或误差。

数据收集和初步处理在统计学中具有重要的意义,它们直接影响着统计分析的结果和结论的可靠性。正确的数据收集和初步处理方法可以提高数据的质量和可信度,为后续的统计分析提供可靠的数据支撑。

2.1 数据的来源

2.1.1 数据的两种主要来源

研究所需要的数据既可以通过直接来源获得,也可以通过间接来源获得。我们习惯将通过直接来源获得的数据称为"一手数据",将通过间接来源获得的数据称为"二手数据"。两种数据各有自己的优势和劣势。直接数据主要由研究者通过实验获得，多应用于自然科学类学科；间接数据主要通过权威机构所公布的数据资料获得，多应用于社会科学类学科。一般来说，一手数据在获取的过程中所需成本要高于二手数据，二手数据有收集成本低的优势；但是二手数据与一手数据相比也有自身的劣势，比如一手数据和研究者的研究密切相关，往往实验数据就是研究所需，而使用二手数据要对已有数据资料进行收集与整理，尤为重要的是对数据进行鉴别，因为现有数据库中的数据多数在统计口径上有变化，即使用二手数据时一定要关注数据的可靠性、权威性等。

2.1.2 调查的方法

农林经济管理中的一手数据多以调查的方法获得，部分数据会通过实验获得。正确的调查方法的使用很重要。农林经济管理的调查方法可以分为：概率抽样和非概率抽样。

1. 概率抽样

概率抽样也称随机抽样。概率抽样可以使总体中的每一个个体都按照一定的概率被抽为样本。随机抽样不是随便抽样。随机抽样是客观的，具有相应的科学含义，可以用概率清楚计算出每个总体中的个体被抽中的概率；随便抽样是主观的抽样方法。是不是让每个总体中的个体按照给定的概率进入样本，是随机抽样与随便抽样最大的区别。

5种常见的概率抽样方法：简单随机抽样、系统抽样、分层抽样、整群抽样、多阶段抽样。每种方法都有各自的优势，在调查中可以根据实际情况与研究需要选择合适的方法。

（1）简单随机抽样就是总体中所有的个体被抽为样本的概率完全相同的概率抽样方法。该方法操作简单，抽出的样本能比较好地反映总体的各项特征。

（2）系统抽样是对总体进行编号排序，再按照抽取的样本量（样本的个数）的数值将总体分为相应的组，每一组出一个样本。需要注意的是，每组出的样本在每组中的位置是一致的，比如第一组出的是第三个个体作为样本，那么每一组都要出第三个个体作为样本，这样每组出一个正好达到抽样样本量的要求。

（3）分层抽样是按照总体的某种特征将总体分为不同的层，各个层占总体的比重等于分层抽样时在每一个层中抽取的样本数占总样本数的比重。

（4）整群抽样是将总体的若干个单位合并为几个群组，抽样时直接抽取其中的某个群组。被抽中的群组里所有的个体都是调查的对象。

（5）多阶段抽样是由整群抽样中大群到大群包含的小群进行多次整群抽样。比如，云南省有16个州市，分别是昆明市、曲靖市、玉溪市、保山市、昭通市、丽江市、普洱市、临沧市、楚雄州、红河州、文山州、西双版纳州、大理州、德宏州、怒江州、迪庆州。普洱市下辖1个区、9个少数民族自治县。如果想抽中普洱市下辖的1个区，需要通过二阶段抽样得到。第一阶段先在16个州市中抽中普洱市，有1/16的抽中概率；第二阶段是在第一阶段抽中普洱市的情况下，再抽中普洱市区，有1/10的抽中概率。

2. 非概率抽样

与概率抽样不同，非概率抽样不是依照随机的规则抽样。是否按随机的规则抽样是非概率抽样与概率抽样最本质的区别。

5 种常见的非概率抽样方法：方便抽样、判断抽样、自愿样本、滚雪球抽样、配额抽样。

（1）方便抽样是调研工作人员出于调查的方便性，根据需要自行确定调查的对象。这种调查由于没有采用随机的方法，样本不能很好地反映总体的相关特征，只能对所研究的问题有一个初步的认识。

（2）判断抽样是典型的主观式抽样，根据研究者的经验判断，有目的地选择调查对象作为样本。判断抽样的常用方法有重点抽样、典型抽样、代表抽样。重点抽样是从调查对象中选择少数重点单位作为研究对象，重点单位在总体中有重要的地位，所以对重点单位的调查对了解总体情况有重要帮助。典型抽样是从调查对象中选择具有典型特点的单位进行调查，比如在调查农村地区富裕程度时，可以选择最富裕的农村地区，也可以选择最落后的农村地区。代表抽样是选择最具代表性的单位作为样本，最具代表性的单位一般会包含总体中大多数单位的某些共性的特征。

（3）自愿样本是指被调查者自愿成为样本。比如，药品的临床测试，参与银行、报纸杂志等的调查问卷活动等。自愿样本可以为研究者提供一定信息，但是不能全面地反映总体情况。自愿样本的参与者往往是对所研究的问题感兴趣的人，这种样本不适合做满意度等方面的调查。

（4）滚雪球抽样是通过一个调查对象关联出另一个调查对象，像滚雪球一样增加样本量。滚雪球抽样多用于被调查的对象个数较少，或者调研工作人员对被调查对象不了解的情况，也有部分被调查对象可能对调查者有戒心，不愿意接受调查，这个时候可以通过搞好和其中一个被调查对象的关系，获得信任后让其帮助介绍下一个被调查对象。

（5）配额抽样是一种与概率抽样中的分层抽样较为相似的抽样方法，在市场调查中使用较为普遍。配额抽样时先将总体分为若干的层（类别），然后在每个层（类别）中使用方便抽样或判断抽样获得样本。这种抽样方法没有采用随机的形式，所以它也不能很好地反映总体的特征。

2.1.3 二手数据的获得

二手数据主要是通过各地区和部门编制的统计年鉴、统计公报、统计月报、统计季报等收集。统计年鉴有《中国统计年鉴》和地方统计年鉴。政府报告等也可为研究者提供二手数据。以下是常见的二手数据的收集途径：

（1）国家统计局与各省统计局。国家统计局（https://www.stats.gov.cn/）的官方网站提供了大量的国内数据，包括年度、季度、月度数据，普查数据、国际数据、部门数据，《中国统计年鉴》、统计刊物。同时也提供了统计公报的数据，包括年度统计公报、经济普查公报、人口普查公报、农业普查公报、R&D 普查公报、其他普查公报、基本单位普查公报、工业普查公报、三产普查公报等。各省统计局也提供了类似于国家统计局的统计数据。

（2）中国社会科学院农村发展研究所完成的"中国乡村振兴综合调查"（China Rural Revitalization Survey，CRRS），围绕"农村人口与劳动力""农村产业结构""农民收支与社会福祉""农村居民消费""乡村治理"和"农村综合改革"等农村发展的重要内容展开调查。中国农村调查数据库中包含了较多农林经济管理所需的研究数据。

（3）联合国商品贸易统计数据库（http://comtrade.un.org/db/）由联合国统计署创建，是目前全球最大、最权威的国际商品贸易数据型资源库，每年超过200个国家和地区向联合国统计署提供其官方年度商品贸易数据，涵盖全球99%的商品交易，真实反映国际商品流动趋势。该数据库收集了超过6000种商品约17亿个数据记录，数据最早可回溯至1962年。各国家、地区上报的数据均被转换成联合国统计署的统一标准格式，所有商品值按呈报国家的货币汇率或月度市场比率和交易额度转换成美元，商品数量如可能亦被转换成公制单位。联合国商品贸易统计数据库中包含了大量农产品的贸易数据，为研究农产品贸易问题提供了可行性数据。

农林经济管理相关的二手数据收集途径不止以上三种，在中国健康与营养调查数据库、中国综合社会调查数据库、中国健康与养老追踪调查数据库、中国家庭追踪调查数据库、中国劳动力动态调查数据库、中国家庭收入调查数据库、中国老年健康与家庭幸福调查数据库中都包含农林经济管理研究所需的数据。

2.2 数据的初步分析

数据的初步分析主要是对所收集的数据进行概括性了解，可以通过对数据的描述性统计实现。统计学的研究可以分为描述性统计与推断统计，二者在目的、数据处理方式和数据要求等方面存在一定的区别，但也有一定的联系，它们共同构成了统计学的核心内容。

1. 两者的区别

（1）目的不同：描述性统计旨在对收集到的数据进行整理、总结和描述，以便更好地了解数据的特征和分布情况；推断统计则是基于样本数据对总体进行推断，通过对样本数据的分析来进行总体参数的估计和假设检验。

（2）数据处理方式不同：描述性统计主要采用图表、统计指标等方式对数据进行描述和展示；推断统计则通过概率分布、抽样分布等方法对数据进行推断和分析。

（3）数据要求不同：描述性统计对数据的要求较低，可以处理各种类型的数据，包括定量和定性数据；推断统计则对数据的要求较高，需要满足一定的抽样条件和分布假设。

2. 两者的联系

（1）共同基础：描述性统计和推断统计都是建立在统计学的基本理论和方法之上，都需要使用概率论和数理统计的知识。

（2）数据分析过程：描述性统计和推断统计都是数据分析的重要环节，前者是为了更好地理解和描述数据，后者是为了对总体进行推断和判断。

（3）相互依赖：推断统计的结果往往需要基于描述性统计的结果，推断统计的参数估计和假设检验都需要依赖描述性统计的数据整理和总结。

2.2.1 变量的描述性统计

为了介绍变量的描述性统计，我们以收集的某村种植户的家庭年收入数据为例，对该数据进行初步分析。表 2-1 是云南省普洱市某村的调研数据，共包含 66 个种植农户，对农户进行从 100 到 165 编号，统计了 66 个种植农户 2022 年的家庭年收入情况。

表 2-1　云南省普洱市某村种植户的农户家庭年收入

id（农户编号）	shouru（种植户的家庭年收入，元）	id（农户编号）	shouru（种植户的家庭年收入，元）	id（农户编号）	shouru（种植户的家庭年收入，元）
100	43307	122	65474	144	55957
101	65989	123	54201	145	56176
102	47022	124	63649	146	55208
103	59199	125	61184	147	40716
104	57455	126	53219	148	66013
105	49052	127	52654	149	64343
106	59517	128	65218	150	56549
107	61535	129	58371	151	56600
108	59108	130	50954	152	64521
109	66614	131	65614	153	67438
110	66232	132	52222	154	47017
111	59488	133	68068	155	56029
112	71766	134	54851	156	57082
113	41536	135	64700	157	55887
114	66812	136	60335	158	46560
115	64211	137	51684	159	44736
116	60719	138	44047	160	49465
117	69587	139	50185	161	58749
118	59054	140	51916	162	61235
119	69092	141	55892	163	69756
120	67867	142	69498	164	67414
121	78122	143	72486	165	65240

为了分析种植户的家庭年收入情况，我们需要对数据进行描述性统计。描述性统计量主要有：平均值、方差、标准差、分位数、偏度和峰度等。

平均值的计算方法是将所有的 N 个数据相加的和再除以 N 得到。通过平均值的计算公式不难发现，平均值可以反映数据的平均水平。如果有两个村子，A 村和 B 村，A 村收入的平均值高，就说明 A 村的人均收入高，A 村的富裕程度高于 B 村。但是平均值不是衡量平均水平的唯一指标，还有中位数和众数等。平均数容易受极端值的影响，比如，如果一个村子（A 村）中有一个特别富裕的富户，假设该户的收入占到村子总收入的 80%，另一个村子（B 村）的种植户富裕程度相当，那么 A 村的平均收入高于 B 村，但是总体的富裕程度可能反而是 B 村高于 A 村。中位数和众数能避免极端值的影响，但是平均数是研究中被最广泛使用的统计量。

方差反映数据的波动性，方差越大说明数据的波动性越大；反之，方差越小说明数据的波动性越小。方差是用每一个观测值减去该变量的平均值的差的平方，然后求这些差的平方的平均值，所以方差也称为二阶中心距。**总体方差的计算公式为**：$\dfrac{\sum_{i=1}^{n}(x_i-\bar{x})^2}{n}$，**样本方差的计算公式为**：$\dfrac{\sum_{i=1}^{n}(x_i-\bar{x})^2}{n-1}$。两个公式的分母不同。我们通过调查问卷所得到的数据是样本数据，所以会选择后者作为方差的计算公式。标准差是方差的算数平方根，所以标准差所代表的含义与方差几乎一样。

分位数是将数据等分后每个位置上所对应的数据。比如，四分位数就是将数据按从小到大的顺序平均分为四等份，第一个分点称为下四分位数、第二个分点称为中位数、第三个分点称为上四分位数。当然如果分为 100 等份，下四分位数就是 25% 分位数，中位数就是 50% 分位数，上四分位数就是 75% 分位数。

偏度和峰度是反映数据分布形态的。偏度反映了数据的不对称程度，偏度为正表示数据分布呈现右偏状态，偏度为负表示数据分布呈现左偏状态，偏度为零表示数据分布呈现对称状态。峰度反映数据分布形态（概率密度函数）峰值的高低，峰度通常用于和标准正态分布进行对比，标准正态分布的峰度为 0。

偏度的计算公式为：$SK=\dfrac{n}{(n-1)(n-2)}\sum_{i=1}^{n}(\dfrac{x_i-\bar{x}}{s})^3$

峰度的计算公式为：$K=\dfrac{n(n+1)}{(n-1)(n-2)(n-3)}\sum_{i=1}^{n}(\dfrac{x_i-\bar{x}}{s})^4-\dfrac{3(n-1)^2}{(n-2)(n-3)}$

在掌握计算公式的情况下，用普通的计算工具就可以计算出以上统计量。在此我们用软件来实现这些结果，以节省计算时间。在 STATA 软件中导入以上某村种植户家庭年收入的数据，输入以下命令：

summarize shouru

summarize 是 STATA 中描述性统计主要的命令，shouru 是变量的名称，表示表 2-1 中种植户的家庭年收入（单位：元）。STATA 计算的结果如下：

```
summarize shouru
```

Variable	Obs	Mean	Std. dev.	Min	Max
shouru	66	58975.71	8298.217	40716	78122

图中的 Obs 表示观测值个数，Mean 表示平均值，Std.dev. 表示标准差，Min 表示最小值，Max 表示最大值。从图中结果可以看出该村种植户的家庭年收入的平均值为 58975.71 元，收入的标准差较大，为 8298.217，最低收入为 40716 元，最高收入为 78122 元。通过对该村种植户的农户家庭年收入的描述性统计，对该村的收入情况就会有一个较为直观的了解。如果想了解更多的统计量，可以使用以下命令：

```
. summarize shouru,detail
```

                         shouru
      Percentiles   Smallest
 1%   40716   40716
 5%   44047   41536
10%   47017   43307   Obs   66
25%   53219   44047   Sum of wgt.   66

50%   59153.5   Mean   58975.71
                        Largest   Std. dev.   8298.217
75%   65614   69756
90%   69092   71766   Variance   6.89e+07
95%   69756   72486   Skewness   -.2431976
99%   78122   78122   Kurtosis   2.475361

命令中加入 detail 后，STATA 将样本几乎所有的统计量都汇报出来了，包括增加了对百分位数的汇报，还有方差（Variance）、偏度（Skewness）、峰度（Kurtosis）。

还可以根据自己的需要，让 STATA 只输出我们需要的统计量。

```
. tabstat shouru,stats(mean range min max var)
```

Variable	Mean	Range	Min	Max	Variance
shouru	58975.71	37406	40716	78122	6.89e+07

想知道样本数据是否满足正态分布，可以对样本数据进行正态性检验，检验数据分布的偏度和峰度。

```
. sktest shouru
```

Skewness and kurtosis tests for normality

Variable	Obs	Pr(skewness)	Pr(kurtosis)	Adj chi2(2)	Prob>chi2
shouru	66	0.3836	0.3966	1.53	0.4650

从结果中可以看出，偏度检验的概率 P 值为 0.3836，峰度检验的概率 P 值为 0.3966，偏度和峰度都大于 0.05，所以无法拒绝数据满足正态分布的原假设。最后的峰度与偏度联合检验的概率 P 值为 0.4650，依然大于 0.05，所以该村种植户的家庭年收入的样本数据满足正态分布。

2.2.2 对分类变量进行汇总

一般在数据分析时会用数字表示分类变量。如表 2-2 所示，性别分为男和女（0 表示女，1 表示男），是否加入合作社分为加入和不加入（0 表示不加入合作社，1 表示加入合作社）。对分类变量进行统计可以计算各个类别的个数和占总数的比例。当分类变量的观测值较多时，可以通过 STATA 软件对分类变量的分布情况进行描述。

表 2-2 农户的性别与加入农民专业合作社的情况

xingbie（性别）	hezuoshe（是否加入合作社）	xingbie（性别）	hezuoshe（是否加入合作社）	xingbie（性别）	hezuoshe（是否加入合作社）
0	1	1	1	0	0
1	0	0	0	0	0
1	0	1	0	1	0
1	1	1	0	0	1
0	1	1	1	0	1
1	0	1	1	1	0
0	0	1	1	0	0
1	1	1	0	0	0
1	1	1	1	0	1
1	1	0	1	0	0
1	0	1	1	0	0
0	0	0	1	1	1
0	0	1	1	0	0
1	1	1	0	0	0
1	1	0	0	1	0
0	0	1	0	0	1
0	0	0	1	1	1
0	1	0	0	0	1
1	1	1	1	0	1
1	1	1	0	0	0
1	1	1	1	1	1
1	0	0	1	0	1

以上是分类变量，分别对性别和是否加入合作社进行统计。

```
. tabulate xingbie

   xingbie |      Freq.     Percent        Cum.
-----------+-----------------------------------
         0 |         30       45.45       45.45
         1 |         36       54.55      100.00
-----------+-----------------------------------
     Total |         66      100.00
```

由统计结果可知，总人数 66 人，女性 30 人，男性 36 人，女性占比 45.45%，男性占比 54.55%。

```
. tabulate hezuoshe

  hezuoshe |      Freq.     Percent        Cum.
-----------+-----------------------------------
         0 |         28       42.42       42.42
         1 |         38       57.58      100.00
-----------+-----------------------------------
     Total |         66      100.00
```

由统计结果可知，总人数 66 人，不加入合作社的为 28 人，加入合作社的为 38 人，不加入合作社的占比 42.42%，加入合作社的占比 57.58%。

两个分类变量的列联表分析：仍然以种植户的家庭年收入为例，可以用性别和是否加入合作社两个分类变量列出一个二维列联表。表中统计了女性不加入合作社的人数为 14 人，女性加入合作社的人数为 16 人，男性不加入合作社的人数为 14 人，男性加入合作社的人数为 22 人。

```
. tabulate xingbie hezuoshe

           |     hezuoshe
   xingbie |         0          1 |     Total
-----------+----------------------+----------
         0 |        14         16 |        30
         1 |        14         22 |        36
-----------+----------------------+----------
     Total |        28         38 |        66
```

2.3 思考与练习

一、思考题

1. 一手数据与二手数据有什么区别和联系？
2. 通过调研获得的数据可能存在什么问题？在调研的过程中如何才能避免这些问题？
3. 二手数据获取的主要途径有哪些？自己专业方向的常用数据库有哪些？
4. 数据的平均水平的衡量指标有哪些？各有什么优势？
5. 当数据中出现异常值时，如何处理异常值才能让平均值更好地发挥出衡量平均水平的作用？

二、计算题

6. 20 名农户的月消费数据如表 2-3 所示。

表 2-3　农户的月消费支出　　　　　　　　　　　　　　　　单位：元

1133	1077	1241	1274	1322
1270	1263	1174	1206	1163
1206	1182	1066	1243	1104
1236	1149	1216	1298	1243

（1）计算农户的月消费支出的众数、中位数、平均数。

（2）计算农户的月消费支出的四分位数、60 分位数和 80 分位数。

（3）计算农户的月消费支出的偏度和峰度。

（4）计算农户的月消费支出的方差、标准差、四分位差。

（5）计算农户的月消费支出的标准分数。

（6）计算农户的月消费支出的离散系数。

（7）用 STATA 软件计算农户的月消费支出的描述性统计量。

7. 按农户的月消费支出进行分组，结果如表 2-4 所示。

表 2-4 农户的月消费支出

按农户的月消费支出分组（元）	农户人数（人）
600 以下	50
600 ~ 900	150
901 ~ 1200	235
1201 ~ 1500	480
1500 以上	80

（1）计算农户的月消费支出的平均数与方差。

（2）绘制频数分布直方图和频率分布直方图，按相同的分组将两个图合并，观察二者的区别与联系。

8. 反映农户特征的数据如表 2-5 所示，对表 2-5 中分类数据进行汇总。

表 2-5 农户特征

性别	是否有兼业	婚姻状况	是否贷款	性别	是否有兼业	婚姻状况	是否贷款
0	0	0	0	0	0	0	0
1	1	1	1	1	1	1	1
0	0	0	0	1	1	1	1
0	0	0	0	1	1	1	1
0	0	0	0	0	0	0	0
0	0	0	0	1	1	1	1
0	0	0	0	1	1	1	1
0	0	0	0	1	1	1	1
1	1	1	1	1	1	1	1
1	1	1	1	0	0	0	0

（1）绘制频数分布直方图。

（2）对四个分类变量两两进行列联表分析。

Chapter Three

第 3 章
常用统计分布与统计分布的模拟

统计分布函数是统计学中非常重要的概念,它描述了随机变量的概率分布情况,可以帮助我们理解和分析数据的变化规律和特征。学习统计分布函数对统计学学习的重要性体现在以下几个方面:

数据分析:统计分布函数可以帮助我们分析数据的分布情况,了解数据的集中趋势和离散程度,从而对数据进行更深入的分析和解释。

预测和推断:统计分布函数可以用来预测未来事件的概率分布,以及对样本数据进行参数估计和假设检验,从而进行统计推断和决策。

模型建立:统计分布函数是建立统计模型的基础,可以帮助我们选择合适的概率分布来描述数据的特性,进而建立相应的统计模型进行分析和预测。

统计推断:统计分布函数是进行统计推断的基础,可以帮助我们进行区间估计、假设检验等。

总之,学习统计分布函数对于理解和应用统计学的基本原理和方法非常重要,可以帮助我们更深入地理解和分析数据,进行统计推断和决策,以及建立合适的统计模型进行预测和分析。

农林经济管理研究中常见的分布主要有:均匀分布、正态分布、卡方分布、T 分布、F 分布等。本章主要介绍这几种分布的形态,以及与这几种分布相关的概率计算方法。

3.1 常用统计分布的概率密度函数

3.1.1 均匀分布

均匀分布是指样本空间内的样本被抽中的概率是相等的。例如:色子有 6 个面,投色子时有 6 种可能的结果：1、2、3、4、5、6。这 6 种结果出现的概率都是 1/6，从概率上看 6 种结果是等可能出现的。再看一个例子：如果在面对单项选择题的 4 个选项时，解题人完全不会做这道题，那么选 A、B、C、D 就是等可能性的 1/4，但是如果解题人自己会一部分，那么他就有选其中某个选项的倾向性，每个选项被选中的概率就不再相等，此时就不是均匀分布了。均匀分布的概率密度函数是一条水平直线，根据后文对均匀分布的介绍，大家会对均匀分布有更加具体的了解。

以下是均匀分布在 STATA 中的实现：采用随机数的方法生成 10000 个样本值，由于样本数太多，此处不一一列出。变量 X 服从 0~10 上的均匀分布，uniform（）服从 0~1 上的均匀分布，乘以 10 的目的是将 0~1 上的均匀分布扩大到原来的 10 倍，变成服从 0~10 上的均匀分布。读者可以根据自己的需要用类似的方法调整均匀分布的取值范围。histogram x 是绘制 X 的直方图命令，bin（5）表示将直方图分为 5 等份，scheme（slmono）表示所绘制图的背景为黑白图，读者也可以按自己的喜好尝试别的绘图风格。

```
clear
set obs 10000
generate x=10*uniform()
histogram x, bin(5) scheme(s1mono)
```

根据以上命令所绘制的图形如图 3-1 所示。

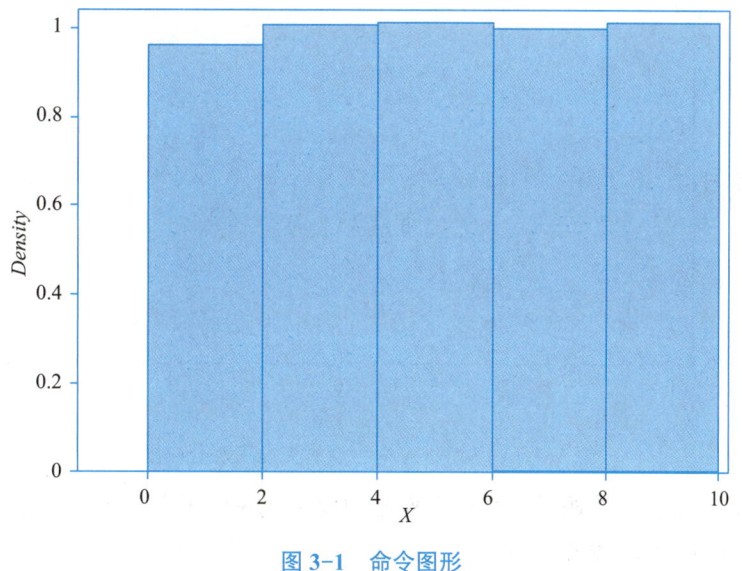

图 3-1　命令图形

3.1.2 正态分布

正态分布又称为自然分布，顾名思义，在自然界中有很多的变量是服从正态分布的。比如，全世界人类的寿命、全国英语四级考试的成绩、同一片稻田中稻谷成熟后的穗子数、植树造林中同一批树木的高度等。正态分布反映的事实就是多数的样本值分布在平均值的附近，特别大的值和特别小的值比较少。$x \sim (\mu, \sigma^2)$ 表示 x 服从平均值为 μ，标准差为 σ 的正态分布。标准正态分布是正态分布中的特例，它的均值为 0、标准差为 1。以下是在 STATA 中绘制标准正态分布图的程序。

```
clear
set obs 161
generate x=_n*0.05-4.05
generate ztfb=normalden(x)
line ztfb x
```

先生成横坐标 generate x=_n*0.05-4.05，横坐标的起始值是 -4，每次增加 0.05，因为有 161 个观测值，所以最大的横坐标为 4。再根据横坐标生成纵坐标，这里使用了函数 normalden，该函数能根据所给的横坐标 X 计算它所对应的概率密度函数中的纵坐标。line ztfb x 是以 X 为横坐标，*ztfb* 作为纵坐标绘制折线图，绘图结果如图 3-2 所示。

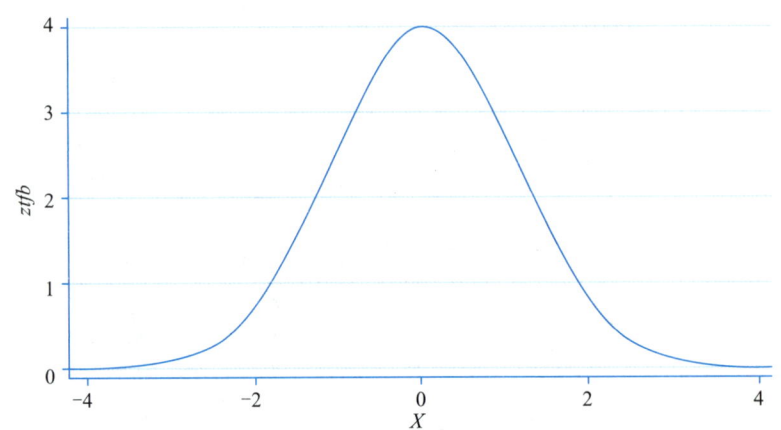

图 3-2 在 STATA 中绘制的标准正态分布图

再举一个普通正态分布的例子，在这个例子中要生成 3 个正态分布图，这 3 个图像有相同的均值 80，但是标准差不同，分别为 2、5、8。

```
clear
set obs 81
generate x=_n*0.5+59.5
```

```
generate ztfb2=normalden(x,80,2)
generate ztfb5=normalden(x,80,5)
generate ztfb8=normalden(x,80,8)
line ztfb2 ztfb5 ztfb8 x
```

从图 3-3 中可以看出，对称轴正好为均值 80，当标准差越来越大时，图像变得越来越"矮胖"；标准差越小，图像越"瘦高"。

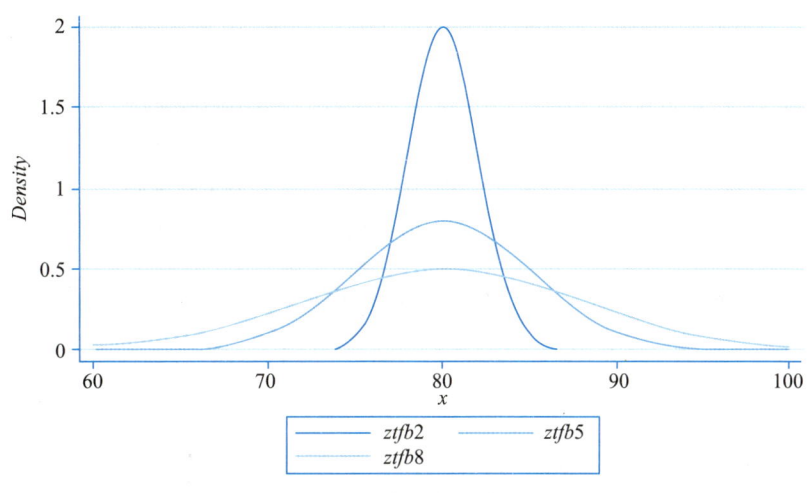

图 3-3　正态分布图的对比

3.1.3　卡方分布

自由度为 n 的卡方分布 $[\chi^2(n)]$ 可由 n 个相互独立的标准正态分布的平方和得到。所以卡方分布的 x 值永远为正，同时卡方分布不是对称图形，有右拖尾，是典型的右偏分布。以下是 $\chi^2(5)$、$\chi^2(10)$、$\chi^2(15)$、$\chi^2(20)$ 的图像在 STATA 中的实现。

```
clear
set obs 100
generate x=_n*0.5
generate chi2fb_df5=chi2den(5,x)
generate chi2fb_df10=chi2den(10,x)
generate chi2fb_df15=chi2den(15,x)
generate chi2fb_df20=chi2den(20,x)
line chi2fb_df5 chi2fb_df10 chi2fb_df15 chi2fb_df20 x
```

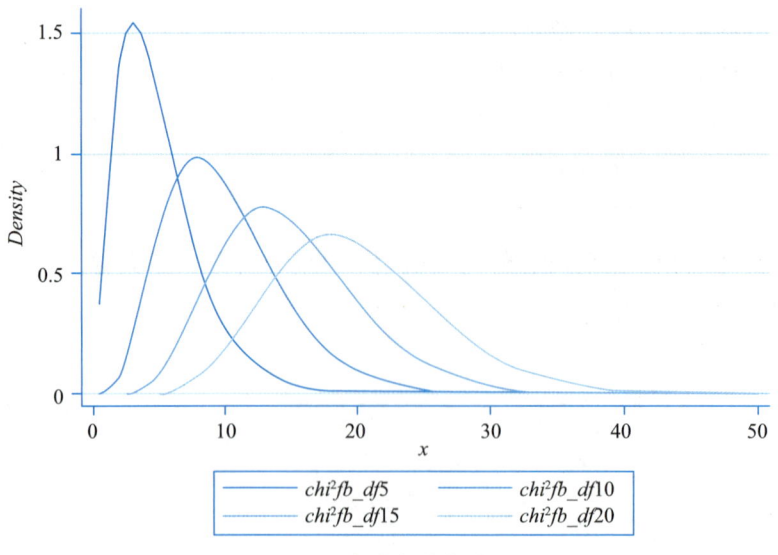

图 3-4　4 个卡方分布对比图

从图 3-4 中可以看出卡方分布有右拖尾的分布特点，最大值所对应的横坐标与自由度非常接近。

3.1.4　T 分布

T 分布也称学生分布，由格赛特在 1908 年发表的署名为"Student"的论文中首次提出。T 分布可以由卡方分布和标准正态分布组合得到。T 分布与标准正态分布一样是关于 $x=0$ 对称的分布函数，与标准正态分布的分布形态十分相似。

$T = \dfrac{X}{\sqrt{Y/n}}$，其中 X 服从标准正态分布，Y 服从自由度为 n 的卡方分布。

图 3-5 是 3 个 T 分布的概率密度函数的图像，分别是 $t(2)$、$t(4)$、$t(12)$，最后一个是标准正态分布的图像。大家要认真观察它们 4 个的不同。STATA 实现的程序如下：

```
clear
set obs 161
generate x=_n*0.05-4.05
generate t分布2=tden(2,x)
generate t分布4=tden(4,x)
generate t分布12=tden(12,x)
generate 标准正态=normalden(x)
line t分布2 t分布4 t分布12 标准正态 x
```

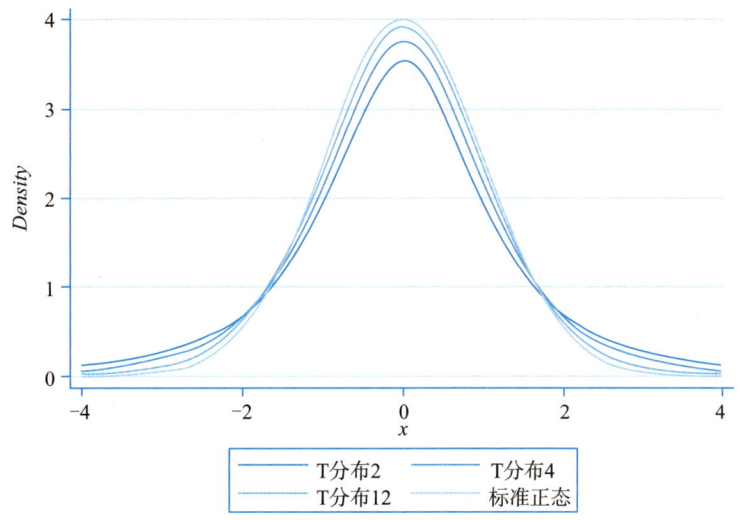

图 3-5　T 分布与标准正态分布对比图

3.1.5　F 分布

F 分布由统计学家费希尔首次提出。F 分布可以由两个卡方分布的比值得到，公式如下：

$$F(m,n)=\frac{\chi^2(m)/m}{\chi^2(n)/n}$$

F 分布的 STATA 实现程序为：

```
clear
set obs 1000
generate x=_n*0.01
replace x=_n*0.5 if x>10
generate f分布1=Fden(5,10,x)
generate f分布2=Fden(10,10,x)
generate f分布3=Fden(20,10,x)
line f分布1  f分布2  f分布3  x
```

根据以上程序得到了 3 个 F 分布的图像，如图 3-6 所示，3 个图像的自由度有关联，分子的自由度分别为 5、10、20，分母的自由度均为 10。注意观测 3 个图像的不同。

再对比一下另一种情形，就是分子的自由度不变，分母的自由度改变的图像有何变化。和上个例子对应，此次将分子的自由度都设为 10，分母的自由度分别为 5、10、20。用 STATA 实现的程序为：

```
clear
set obs 1000
generate x=_n*0.01
replace x=_n*0.5 if x>10
generate f分布1=Fden(10,5,x)
generate f分布2=Fden(10,10,x)
generate f分布3=Fden(10,20,x)
line f分布1 f分布2 f分布3 x
```

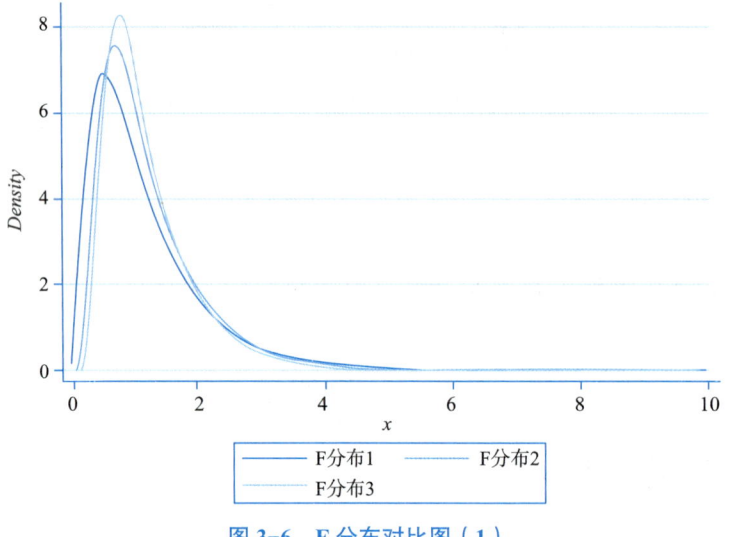

图 3-6　F 分布对比图（1）

根据以上程序得到了 3 个 F 分布的图像，如图 3-7 所示。注意观测 3 个图像的不同。

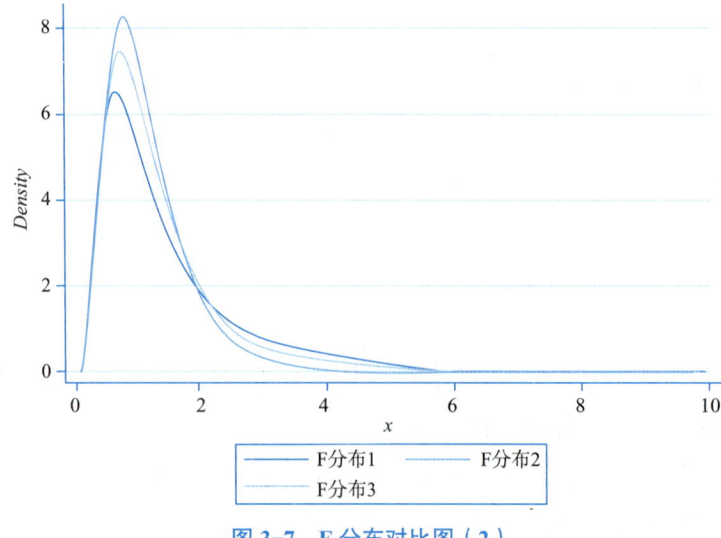

图 3-7　F 分布对比图（2）

通过图 3-6、图 3-7 都能看出 F 分布右偏的分布特点，有一个长长的拖尾。

表 3-1 是 4 种常用分布函数的概率密度函数。

表 3-1 4 种常用分布函数的概率密度函数

函数	函数相关说明
$normalden(x)$	标准正态分布中横坐标为 x 时对应的概率密度函数的纵坐标
$normalden(x, 80, 2)$	正态分布中横坐标为 x 时对应的均值为 80、标准差为 2 的概率密度函数的纵坐标
$chi^2den(5, x)$	卡方分布中横坐标为 x 时对应的自由度为 5 的概率密度函数的纵坐标
$Tden(12, x)$	T 分布中横坐标为 x 时对应的自由度为 12 的概率密度函数的纵坐标
$Fden(20, 10, x)$	F 分布中横坐标为 x 时对应的分子自由度为 20、分母自由度为 10 的概率密度函数的纵坐标

3.2 常用统计分布的累积概率及其逆运算

3.2.1 常用统计分布的累积概率

分布函数的累积概率与概率密度函数的纵坐标不同。举例说明：如果 z 服从标准正态分布，即 $z \sim N(0,1)$，那么 $P(z<3) = 0.9986501$ 表示的是标准正态分布的概率密度图中横坐标 3 左边的面积，标准正态分布的概率密度图中总面积为 1。这里 $P(z<3) = 0.9986501$ 就是一个累积概率值。与之不同，$P(z=3) = 0.00443185$ 表示的是概率密度图中横坐标为 3 时对应的概率密度函数的纵坐标为 0.00443185。表 3-2 是 4 种常用分布函数的累积概率密度函数。

表 3-2 4 种常用分布函数的累积概率密度函数

函数	函数相关说明
$normal(x)$	标准正态分布中横坐标为 x 时对应的概率密度函数图中 x 左侧的图形面积
$chi^2(5, x)$	卡方分布中横坐标为 x 时对应的自由度为 5 的概率密度函数图中 x 左侧的图形面积
$T(12, x)$	T 分布中横坐标为 x 时对应的自由度为 12 的概率密度函数图中 x 左侧的图形面积
$F(20, 10, x)$	F 分布中横坐标为 x 时对应的分子自由度为 20、分母自由度为 10 的概率密度函数图中 x 左侧的图形面积

【例题 3-1】已知随机变量服从正态分布，$x \sim N(80, 6^2)$，计算以下问题：

（1）$P(x<90)$；

（2）$P(x>90)$；

（3）$P(74<x<86)$；

（4）$P(68<x<92)$；

（5） $P(62<x<98)$。

思路：先将正态分布转化为标准正态分布，再用 $normal(x)$ 计算。

（1）解：
$$P(x<90)=P(Z<\frac{90-80}{6})=$$
$$P(Z<1.67)=normal(1.67)=0.95254032$$

（2）解：
$$P(x>90)=1-P(x<90)=1-P(Z<1.67)=$$
$$1-normal(1.67)=1-0.95254032=0.04745968$$

（3）解：
$$P(74<x<86)=P(x<86)-P(x>74)=P(Z<\frac{86-80}{6})-P(Z<\frac{74-80}{6})=$$
$$P(Z<1)-P(Z<-1)=normal(1)-normal(-1)=$$
$$0.84134475-0.15865525=0.6826895$$

（4）解：
$$P(68<x<92)=P(x<92)-P(x>68)=P(Z<\frac{92-80}{6})-P(Z<\frac{68-80}{6})=$$
$$P(Z<2)-P(Z<-2)=normal(2)-normal(-2)=$$
$$0.97724987-0.02275013=0.95449974$$

（5）解：
$$P(62<x<98)=P(x<98)-P(x>62)=P(Z<\frac{98-80}{6})-P(Z<\frac{62-80}{6})=$$
$$P(Z<3)-P(Z<-3)=normal(3)-normal(-3)=$$
$$0.9986501-0.0013499=0.9973002$$

【例题3-2】已知随机变量服从自由度为10的卡方分布，$x\sim\chi^2(10)$，计算以下问题：

（1） $P(x<12)$；

（2） $P(x>12)$；

（3） $P(6<x<14)$。

（1）解：
$$P(x<12)=chi^2(10,12)=0.7149435$$

（2）解：
$$P(x>12)=1-chi^2(10,12)=1-0.7149435=0.2850565$$

（3）解：
$$P(6<x<14)=P(x<14)-P(x>6)=chi^2(10,14)-chi^2(10,6)=$$
$$0.82700839-0.18473676=0.64227163$$

【例题3-3】已知随机变量服从自由度为10的T分布，$x\sim T(10)$，计算以下问题：

（1） $P(x<2)$；

（2） $P(x>2)$；

（3） $P(-1<x<1)$。

（1）解：
$$P(x<2)=T(10,2)=0.96330598$$

（2）解：
$$P(x>2)=1-P(x<2)=1-T(10,2)=1-0.96330598=0.03669402$$

（3）解：
$$P(-1<x<1)=P(x<1)-P(x>-1)=T(10,1)-T(10,-1)=$$
$$0.82955343-0.17044657=0.65910686$$

【例题3-4】已知随机变量服从自由度为（10，5）的F分布，$x\sim F(10,5)$，计算以下问题：

（1） $P(x<2)$；

（2）$P(x>2)$；

（3）$P(1<x<14)$。

（1）解： $P(x<2) = F(10,5,2) = 0.77002488$

（2）解： $P(x>2) = 1 - P(x<2) = 1 - F(10,5,2) = 1 - 0.77002488 = 0.22997512$

（3）解： $P(1<x<14) = P(x<14) - P(x>1) = F(10,5,14) - F(10,5,1)$
$= 0.99530997 - 0.46511943 = 0.53019054$

正态分布在统计中十分重要，所有的正态分布都可以转化为标准正态分布。一个普通正态分布 $x \sim N(u,\sigma^2)$ 转化为标准正态分布的公式为：$z = \dfrac{x_i - u}{\sigma}$。转化为标准正态分布后，就可以通过查表得到 x 值对应的累积概率值的大小。T 分布作为常用分布，具有与标准正态分布相似的性质。以下是我们根据标准正态分布的累积概率和 T 分布的累积概率制作的标准正态分布表（见表3-3）和 T 分布表（见表3-4），结合本节内容的学习，需要大家学会查表，更进一步能用 STATA 软件自己生成表。

表3-3 标准正态分布表（小数点后保留5位数）

x	0.00	0.01	0.02	0.03	0.04	0.05	0.06	0.07	0.08
0.0	0.50000	0.50399	0.50798	0.51197	0.51595	0.51994	0.52392	0.52790	0.53188
0.1	0.53983	0.54380	0.54776	0.55172	0.55567	0.55962	0.56356	0.56749	0.57142
0.2	0.57926	0.58317	0.58706	0.59095	0.59483	0.59871	0.60257	0.60642	0.61026
0.3	0.61791	0.62172	0.62552	0.62930	0.63307	0.63683	0.64058	0.64431	0.64803
0.4	0.65542	0.65910	0.66276	0.66640	0.67003	0.67364	0.67724	0.68082	0.68439
0.5	0.69146	0.69497	0.69847	0.70194	0.70540	0.70884	0.71226	0.71566	0.71904
0.6	0.72575	0.72907	0.73237	0.73565	0.73891	0.74215	0.74537	0.74857	0.75175
0.7	0.75804	0.76115	0.76424	0.76730	0.77035	0.77337	0.77637	0.77935	0.78230
0.8	0.78814	0.79103	0.79389	0.79673	0.79955	0.80234	0.80511	0.80785	0.81057
0.9	0.81594	0.81859	0.82121	0.82381	0.82639	0.82894	0.83147	0.83398	0.83646
1.0	0.84134	0.84375	0.84614	0.84849	0.85083	0.85314	0.85543	0.85769	0.85993
1.1	0.86433	0.86650	0.86864	0.87076	0.87286	0.87493	0.87698	0.87900	0.88100
1.2	0.88493	0.88686	0.88877	0.89065	0.89251	0.89435	0.89617	0.89796	0.89973
1.3	0.90320	0.90490	0.90658	0.90824	0.90988	0.91149	0.91309	0.91466	0.91621
1.4	0.91924	0.92073	0.92220	0.92364	0.92507	0.92647	0.92785	0.92922	0.93056
1.5	0.93319	0.93448	0.93574	0.93699	0.93822	0.93943	0.94062	0.94179	0.94295
1.6	0.94520	0.94630	0.94738	0.94845	0.94950	0.95053	0.95154	0.95254	0.95352
1.7	0.95543	0.95637	0.95728	0.95818	0.95907	0.95994	0.96080	0.96164	0.96246

续表

x	0.00	0.01	0.02	0.03	0.04	0.05	0.06	0.07	0.08
1.8	0.96407	0.96485	0.96562	0.96638	0.96712	0.96784	0.96856	0.96926	0.96995
1.9	0.97128	0.97193	0.97257	0.97320	0.97381	0.97441	0.97500	0.97558	0.97615
2.0	0.97725	0.97778	0.97831	0.97882	0.97932	0.97982	0.98030	0.98077	0.98124
2.1	0.98214	0.98257	0.98300	0.98341	0.98382	0.98422	0.98461	0.98500	0.98537
2.2	0.98610	0.98645	0.98679	0.98713	0.98745	0.98778	0.98809	0.98840	0.98870
2.3	0.98928	0.98956	0.98983	0.99010	0.99036	0.99061	0.99086	0.99111	0.99134
2.4	0.99180	0.99202	0.99224	0.99245	0.99266	0.99286	0.99305	0.99324	0.99343
2.5	0.99379	0.99396	0.99413	0.99430	0.99446	0.99461	0.99477	0.99492	0.99506
2.6	0.99534	0.99547	0.99560	0.99573	0.99585	0.99598	0.99609	0.99621	0.99632
2.7	0.99653	0.99664	0.99674	0.99683	0.99693	0.99702	0.99711	0.99720	0.99728
2.8	0.99744	0.99752	0.99760	0.99767	0.99774	0.99781	0.99788	0.99795	0.99801
2.9	0.99813	0.99819	0.99825	0.99831	0.99836	0.99841	0.99846	0.99851	0.99856
3.0	0.99865	0.99869	0.99874	0.99878	0.99882	0.99886	0.99889	0.99893	0.99896
3.1	0.99903	0.99906	0.99910	0.99913	0.99916	0.99918	0.99921	0.99924	0.99926
3.2	0.99931	0.99934	0.99936	0.99938	0.99940	0.99942	0.99944	0.99946	0.99948
3.3	0.99952	0.99953	0.99955	0.99957	0.99958	0.99960	0.99961	0.99962	0.99964
3.4	0.99966	0.99968	0.99969	0.99970	0.99971	0.99972	0.99973	0.99974	0.99975
3.5	0.99977	0.99978	0.99978	0.99979	0.99980	0.99981	0.99981	0.99982	0.99983
3.6	0.99984	0.99985	0.99985	0.99986	0.99986	0.99987	0.99987	0.99988	0.99988
3.7	0.99989	0.99990	0.99990	0.99990	0.99991	0.99991	0.99992	0.99992	0.99992
3.8	0.99993	0.99993	0.99993	0.99994	0.99994	0.99994	0.99994	0.99995	0.99995
3.9	0.99995	0.99995	0.99996	0.99996	0.99996	0.99996	0.99996	0.99996	0.99997

表 3-4　T 分布表（小数点后保留 5 位数）

x	$df=2$	$df=4$	$df=6$	$df=8$	$df=10$	$df=12$	$df=14$	$df=16$
0.1	0.53527	0.53742	0.53820	0.53860	0.53884	0.53900	0.53912	0.53921
0.2	0.57001	0.57438	0.57596	0.57676	0.57726	0.57759	0.57782	0.57800
0.3	0.60376	0.61044	0.61285	0.61409	0.61484	0.61534	0.61571	0.61598
0.4	0.63608	0.64520	0.64850	0.65019	0.65122	0.65191	0.65240	0.65278
0.5	0.66667	0.67834	0.68256	0.68473	0.68605	0.68694	0.68758	0.68806

续表

x	df=2	df=4	df=6	df=8	df=10	df=12	df=14	df=16
0.6	0.69528	0.70958	0.71477	0.71744	0.71907	0.72017	0.72095	0.72155
0.7	0.72180	0.73875	0.74493	0.74811	0.75006	0.75136	0.75230	0.75301
0.8	0.74618	0.76574	0.77289	0.77659	0.77885	0.78037	0.78146	0.78229
0.9	0.76845	0.79050	0.79860	0.80280	0.80536	0.80709	0.80833	0.80927
1.0	0.78868	0.81305	0.82204	0.82670	0.82955	0.83148	0.83286	0.83390
1.1	0.80698	0.83346	0.84325	0.84834	0.85145	0.85355	0.85506	0.85620
1.2	0.82350	0.85182	0.86232	0.86777	0.87110	0.87335	0.87497	0.87620
1.3	0.83838	0.86827	0.87935	0.88510	0.88862	0.89099	0.89270	0.89399
1.4	0.85176	0.88295	0.89448	0.90046	0.90412	0.90658	0.90836	0.90970
1.5	0.86380	0.89600	0.90786	0.91400	0.91775	0.92027	0.92209	0.92346
1.6	0.87463	0.90758	0.91964	0.92587	0.92966	0.93221	0.93404	0.93542
1.7	0.88438	0.91782	0.92998	0.93622	0.94002	0.94256	0.94439	0.94576
1.8	0.89317	0.92688	0.93902	0.94522	0.94897	0.95148	0.95328	0.95463
1.9	0.90109	0.93488	0.94692	0.95302	0.95669	0.95914	0.96089	0.96220
2.0	0.90825	0.94194	0.95379	0.95974	0.96331	0.96567	0.96736	0.96861
2.1	0.91473	0.94817	0.95976	0.96553	0.96896	0.97123	0.97283	0.97403
2.2	0.92060	0.95367	0.96495	0.97050	0.97378	0.97593	0.97745	0.97858
2.3	0.92593	0.95853	0.96945	0.97476	0.97787	0.97990	0.98132	0.98238
2.4	0.93077	0.96282	0.97335	0.97841	0.98134	0.98324	0.98457	0.98554
2.5	0.93519	0.96662	0.97674	0.98153	0.98428	0.98604	0.98727	0.98816
2.6	0.93923	0.96998	0.97967	0.98419	0.98675	0.98839	0.98951	0.99033
2.7	0.94292	0.97295	0.98221	0.98646	0.98884	0.99035	0.99137	0.99211
2.8	0.94630	0.97559	0.98442	0.98840	0.99060	0.99198	0.99291	0.99358
2.9	0.94941	0.97794	0.98633	0.99005	0.99208	0.99334	0.99418	0.99478
3.0	0.95227	0.98003	0.98800	0.99146	0.99333	0.99447	0.99522	0.99576
3.1	0.95490	0.98189	0.98944	0.99267	0.99437	0.99541	0.99608	0.99656
3.2	0.95733	0.98355	0.99070	0.99369	0.99525	0.99618	0.99679	0.99721
3.3	0.95958	0.98503	0.99180	0.99457	0.99599	0.99683	0.99737	0.99774
3.4	0.96166	0.98636	0.99275	0.99532	0.99661	0.99737	0.99784	0.99817
3.5	0.96359	0.98755	0.99359	0.99596	0.99714	0.99781	0.99823	0.99852
3.6	0.96538	0.98862	0.99432	0.99651	0.99758	0.99818	0.99855	0.99880

续表

x	df=2	df=4	df=6	df=8	df=10	df=12	df=14	df=16
3.7	0.96705	0.98958	0.99496	0.99698	0.99795	0.99848	0.99881	0.99903
3.8	0.96860	0.99045	0.99552	0.99738	0.99826	0.99874	0.99902	0.99921
3.9	0.97005	0.99123	0.99601	0.99773	0.99852	0.99894	0.99920	0.99936

3.2.2 常用统计分布累积概率的逆运算

在知道横坐标 x 的情况下，可以得到分布函数的累积概率。同理，在知道累积概率的情况下也可以知道相应的 x 的值。这里我们将介绍累积概率的逆运算，见表 3-5。

表 3-5 4 种常用分布函数的累积概率的逆运算

函数	函数相关说明
$invnormal(x)$	标准正态分布中横坐标为 x 时对应的概率密度函数图中 x 左侧的图形面积
$invchi^2(5, x)$	卡方分布中横坐标为 x 时对应的自由度为 5 的概率密度函数图中 x 左侧的图形面积
$invT(12, x)$	T 分布中横坐标为 x 时对应的自由度为 12 的概率密度函数图中 x 左侧的图形面积
$invF(20, 10, x)$	F 分布中横坐标为 x 时对应的分子自由度为 20、分母自由度为 10 的概率密度函数图中 x 左侧的图形面积

【例题 3-5】已知随机变量服从正态分布 $x \sim N(80, 6^2)$，计算以下问题：

（1）$P(x < m) = 0.95$，求 m 的值；

（2）$P(x > m) = 0.95$，求 m 的值；

（3）若 Z 服从标准正态分布，$P(-m < Z < m) = 0.95$，求 m 的值。

（1）解：$P(x < m) = P(Z < \frac{m-80}{6}) = normal(\frac{m-80}{6}) = 0.95 \Rightarrow \frac{m-80}{6} = invnormal(0.95) = 1.6448536$

$\therefore m = 1.6448536 \times 6 + 80 = 89.8691216$

（2）解：
$$P(x > m) = 1 - P(Z < \frac{m-80}{6}) = 1 - normal(\frac{m-80}{6}) = 0.95 \Rightarrow$$
$$normal(\frac{m-80}{6}) = 0.05$$

$\therefore \frac{m-80}{6} = invnormal(0.05) = -1.6448536$

$\therefore m = -1.6448536 \times 6 + 80 = 70.1308784$

（3）解：标准正态分布关于 y 轴对称，所以 $P(Z < x) = \Phi(x)$，$\Phi(x) + \Phi(-x) = 1$。所以：
$$P(-m < Z < m) = \Phi(m) - \Phi(-m) = 2 \times \Phi(m) - 1 = 0.95 \Rightarrow$$
$$\Phi(m) = 0.975$$

$\therefore invnormal(0.975) = 1.959964$

$\therefore m = 1.959964$

【例题 3-6】 已知随机变量服从自由度为 10 的卡方分布，$x \sim \chi^2(10)$，计算以下问题：

（1）$P(x < m) = 0.95$，求 m 的值；

（2）$P(x > m) = 0.95$，求 m 的值。

（1）解：
$$P(x < m) = 0.95$$
$$\because invchi^2(10, 0.95) = 18.307038$$
$$\therefore m = 18.307038$$

（2）解：
$$P(x > m) = 0.95 \Rightarrow P(x < m) = 0.05$$
$$\because invchi^2(10, 0.05) = 3.9402991$$
$$\therefore m = 3.9402991$$

【例题 3-7】 已知随机变量服从自由度为 10 的 T 分布，$x \sim T(10)$，计算以下问题：

（1）$P(x < m) = 0.95$，求 m 的值；

（2）$P(x > m) = 0.95$，求 m 的值；

（3）$P(-m < x < m) = 0.95$，求 m 的值。

（1）解：
$$P(x < m) = 0.95$$
$$\because invT(10, 0.95) = 1.8124611$$
$$\therefore m = 1.8124611$$

（2）解：
$$P(x > m) = 1 - P(x < m) = 0.95 \Rightarrow P(x < m) = 0.05$$
$$\because invT(10, 0.05) = -1.8124611$$
$$\therefore m = -1.8124611$$

（3）解：
$$P(-m < x < m) = P(x < m) - P(x > -m) = 0.95$$

T 分布关于 Y 轴对称，所以 $T(x) + T(-x) = 1$。所以：
$$P(x < m) - P(x > -m) = 1 - 2 \times P(x < m) = 0.95 \Rightarrow P(x < m) = 0.975$$
$$\because invT(10, 0.975) = 2.2281389$$
$$\therefore m = 2.2281389$$

【例题 3-8】 已知随机变量服从自由度为（10，5）的 F 分布，$x \sim F(10, 5)$，计算以下问题：

（1）$P(x < m) = 0.95$，求 m 的值；

（2）$P(x > m) = 0.95$，求 m 的值。

（1）解：
$$P(x < m) = 0.95$$
$$\because invF(10, 5, 0.95) = 4.7350631$$
$$\therefore m = 4.7350631$$

（2）解：
$$P(x > m) = 1 - P(x < m) = 0.95 \Rightarrow P(x < m) = 0.05$$
$$\because invF(10, 5, 0.05) = 0.30067641$$
$$\therefore m = 0.30067641$$

3.3 常用统计分布的模拟

3.3.1 模拟生成伪随机数

模拟生成分布函数可以采用分布函数的累积概率逆运算的方法来实现。本节将通过模拟的方式生成满足正态分布、卡方分布、T 分布、F 分布的函数。

先生成 0~1 上的均匀分布，然后将生成的均匀分布作为累积概率逆运算的 P 值，通过这个方法可以轻松生成满足我们要求的分布。

生成标准正态分布的 STATA 操作程序：

```
clear
set obs 10000    // 生成10000个观测值
set seed 2023    // 随机数种子值为2023，保证每次运行可得相同的结果
set scheme s1mono    // 设定图片的背景为黑白图
generate p = uniform()    // 生成均匀分布（0,1）10000个观测值
generate x = invnormal(p)    // 生成10000个观测值满足正态分布
histogram x,bin(50) normal    // 画出 x 的直方图，分成50组附加正态分布曲线
```

STATA 操作程序运行的结果如图 3-8 所示。

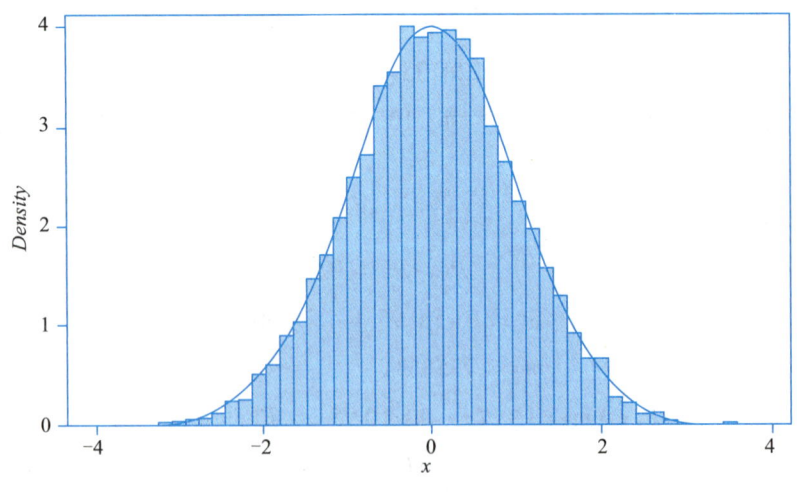

图 3-8 均匀分布（0，1）的分布图

在标准正态的基础上我们可以生成任意的正态分布，只需要将标准正态分布乘以标准差，再加上均值即可。以下是生成均值为 80、标准差为 6 的正态分布的 STATA 操作程序。

```
clear
set obs 10000  // 生成10000个观测值
set seed 2023   // 随机数种子值为2023，保证每次运行可得相同的结果
set scheme s1mono // 设定图片的背景为黑白图
generate p = uniform()   // 生成均匀分布（0,1）10000个观测值
generate x = 6*invnormal(p)+80    // 生成10000个满足均值80、标准差6的正态分布
histogram x,bin(50) normal   // 画出x的直方图，分成50组附加正态分布曲线
```

STATA 操作程序运行的结果如图 3-9 所示。

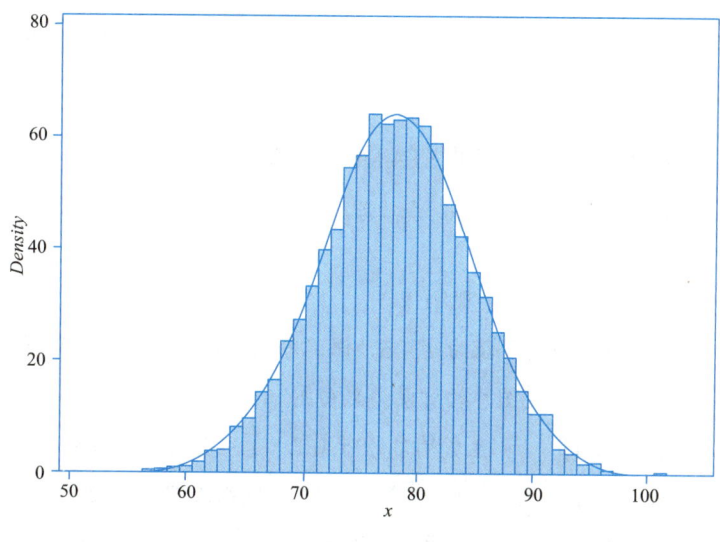

图 3-9　均值为 80、标准差为 6 的正态分布图

同理，生成自由度为 10 的卡方分布的 STATA 操作程序如下：

```
clear
set obs 10000  // 生成10000个观测值
set seed 2023   // 随机数种子值为2023，保证每次运行可得相同的结果
set scheme s1mono // 设定图片的背景为黑白图
generate p = uniform()   // 生成均匀分布（0,1）10000个观测值
generate x = invchi2(10,p)   // 生成10000个观测值满足自由度为10的卡方分布
histogram x,bin(50) normal // 画出x的直方图，分成50组附加正态分布曲线
```

STATA 操作程序运行的结果如图 3-10 所示。

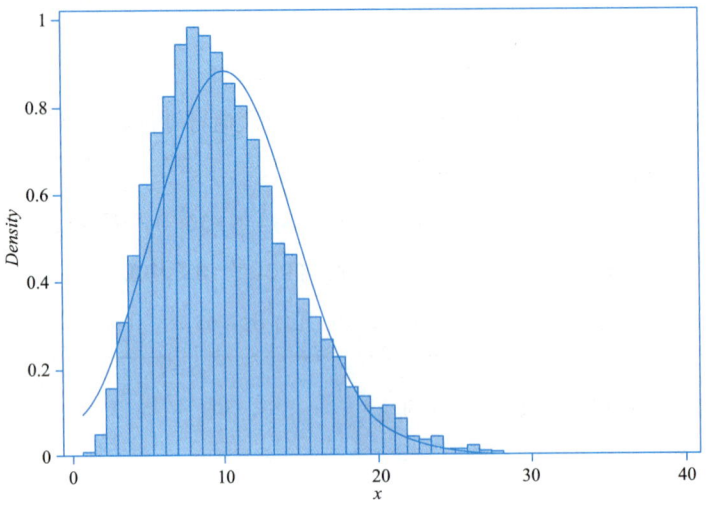

图3-10 自由度为10的卡方分布图

生成自由度为（30，50）的F分布的STATA操作程序如下：

```
clear
set obs 10000  // 生成10000个观测值
set seed 2023   // 随机数种子值为2023，保证每次运行可得相同的结果
set scheme s1mono // 设定图片的背景为黑白图
generate p = uniform()   // 生成均匀分布（0,1）10000个观测值
generate x = invF(30,50,p)   // 生成10000个观测值满足自由度为(30,50)的F分布
histogram x,bin(50) normal // 画出x的直方图，分成50组附加正态分布曲线
```

STATA操作程序运行的结果如图3-11所示。

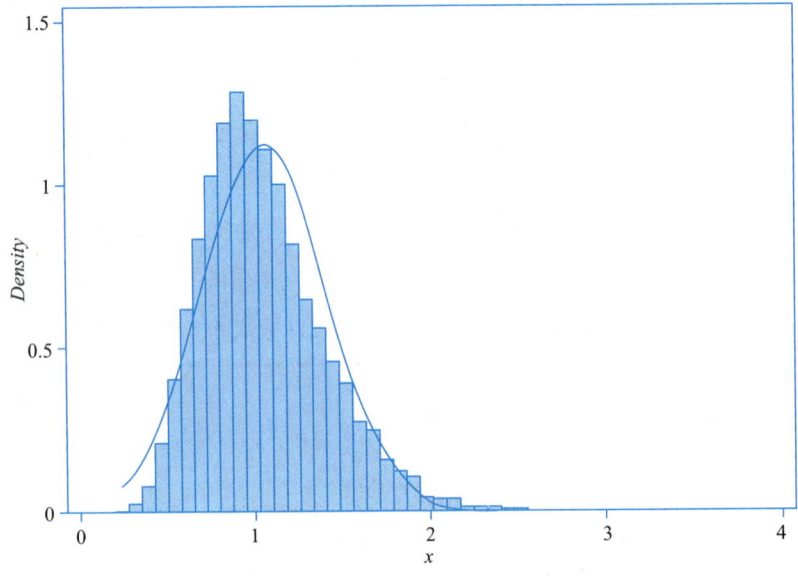

图3-11 自由度为（30，50）的F分布图

3.3.2 模拟中心极限定理

中心极限定理：从均值为 μ、标准差为 σ 的正态总体中抽取样本容量为 n 的样本时，所得样本的均值 $\overline{X}$ 近似服从正态分布：

$$\overline{X} \sim N(\mu, \frac{\sigma^2}{n})$$

模拟的思路：先从正态分布的总体 $N(80,6^2)$ 中抽取 9 个样本，计算这 9 个样本的平均值并记为 $\overline{x_1}$，将相同的操作进行 10000 次可以得到 10000 个平均值。然后检验这 10000 个均值的正态性。STATA 实现的程序如下：

```
capture program drop chouyang
program chouyang
drawnorm x,n(9) m(80) sds(6) clear //9 个 μ=80、σ=6 的正态随机样本
quietly summarize x // 悄悄生成不显示在对话窗口中
end // 程序结束
*** 将上述抽样试验进行 10000 次，得到 10000 个均值和标准差
simulate chouyang m=r(mean), reps (10000)
```

（1）capture program drop chouyang 是强制删去程序 chouyang，防止 STATA 中有 chouyang 这个程序，与我们要定义的 chouyang 程序产生冲突。

（2）program chouyang 是定义一个程序为 chouyang，这是自定义程序必需的一步。

（3）drawnorm x，n（9）m（80）sds（6）clear 是清除内存中的数据后，生成一个新的样本。这里用到了 drawnorm 命令，该命令主要用于生成满足正态分布的随机数,n（9）m（80）sds（6）的意思是样本数为 9、均值为 80、标准差为 6。这个生成随机数的方法比上一节中用累积概率的逆运算生成正态分布的随机数更加方便，所以大家要记住并掌握它。

（4）simulate chouyang m=r（mean），reps（10000），这里用到了 simulate 命令，该命令主要用于做模拟。模拟 chouyang10000 次，用 m 变量承载 10000 次抽样的平均值。

接下来对变量 m 进行正态性检验，函数为 sktest。

```
. sktest m

Skewness and kurtosis tests for normality
                                                     ——— Joint test ———
    Variable |    Obs    Pr(skewness)   Pr(kurtosis)   Adj chi2(2)   Prob>chi2
           m |  10,000      0.6527         0.4201         0.85         0.6525
```

从检验的结果来看，无论是偏度还是峰度的检验 P 值都是显著大于 0.05 的，所以无法拒绝 10000 个样本值满足正态性的假设。这里要注意的是，每个人在运行这段程序时得到的 m 的 10000 个值却不一样，是不是要设定种子值呢？大家想一想能设种子值吗？

答案是否定的。如果设定了种子值，那么每次抽样的 9 个样本值就完全一样了，不能体现随机的特点。

```
. summarize m
```

Variable	Obs	Mean	Std. dev.	Min	Max
m	10,000	80.00437	1.982792	72.57697	88.16427

我们对 m 进行描述性统计，发现它的均值为 80.00437，与总体均值十分接近；它的标准差为 1.982792，按公式计算的标准差应该为：$\frac{\sigma}{\sqrt{n}} = \frac{6}{\sqrt{9}} = 2$，二者也十分接近。由此，我们用模拟的方法证明了中心极限定理。

更进一步，我们画出 10000 个样本值的直方图，可以更直观地看出样本的分布形态，如图 3-12 所示。STATA 命令为：histogram m，bin（50）normal。

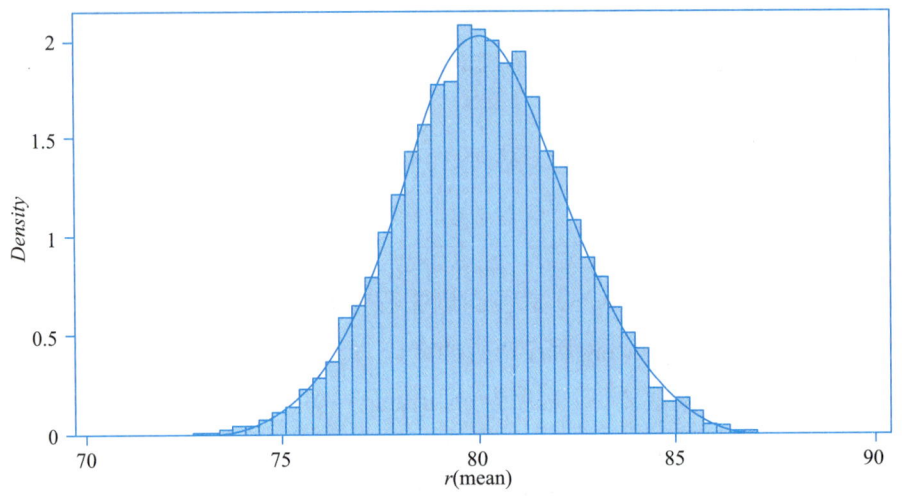

图 3-12　直方图中样本分布形态

3.4　思考与练习

一、思考题

1. 简述频率分布直方图与频数分布直方图的区别与联系。
2. 当组距很小时，频率分布直方图是否接近于数据分布的概率密度曲线？
3. 当自由度达到 1000 时，T 分布、卡方分布、F 分布是否接近于正态分布？
4. 当样本量足够大时，均匀分布是否接近于正态分布？
5. 为什么可以用均匀分布和累积概率的逆运算生成各类分布，你清楚里面的原理吗？

二、计算和软件操作题

6. 计算概率值。

（1）$Z \sim N(0,1)$, $P(Z < 2) =$

（2）$Z \sim N(0,1)$, $P(Z > 2) =$

（3）$Z \sim N(0,1)$, $P(-2 < Z < 2) =$

（4）$x \sim N(80, 7^2)$, $P(x < 60) =$

（5）$x \sim N(80, 7^2)$, $P(x > 90) =$

（6）$x \sim N(80, 7^2)$, $P(70 < x < 90) =$

（7）$x \sim x(12)$, $P(x < 2) =$

（8）$x \sim x(12)$, $P(x > 2) =$

（9）$x \sim x(12)$, $P(-2 < x < 2) =$

（10）$x \sim \chi^2(16)$, $P(x < 12) =$

（11）$x \sim \chi^2(16)$, $P(x > 9) =$

（12）$x \sim \chi^2(16)$, $P(5 < x < 8) =$

（13）$x \sim F(10, 20)$, $P(x > 8) =$

（14）$x \sim F(20, 10)$, $P(x > 8) =$

（15）$x \sim F(10, 20)$, $P(4 < x < 8) =$

（16）$x \sim F(20, 10)$, $P(4 < x < 8) =$

7. 做累积概率的逆运算。

（1）$Z \sim N(0,1)$, $Z_{0.025} =$

（2）$Z \sim N(0,1)$, $Z_{0.975} =$

（3）$Z \sim N(0,1)$, $P(-m < Z < m) = 0.9$，求 m 的值

（4）$x \sim N(80, 7^2)$, $P(x < m) = 0.95$，求 m 的值

（5）$x \sim N(80, 7^2)$, $P(x > m) = 0.1$，求 m 的值

（6）$x \sim t(12)$, $P(x < m) = 0.05$，求 m 的值

（7）$x \sim t(12)$, $P(x > m) = 0.95$，求 m 的值

（8）$x \sim t(8)$, $P(-m < x < m) = 0.99$，求 m 的值

（9）$x \sim \chi^2(16)$, $P(x < m) = 0.95$，求 m 的值

（10）$x \sim \chi^2(16)$, $P(x > m) = 0.9$，求 m 的值

（11）$x \sim F(10, 20)$, $P(x > m) = 0.95$，求 m 的值

（12）$x \sim F(20, 10)$, $P(x > m) = 0.05$，求 m 的值

（13）$x \sim F(10, 20)$, $P(x < m) = 0.99$，求 m 的值

8. SPSS 和 STATA 是统计分析中最常用的两款统计软件，分别使用两款软件模拟生成数据，验证中心极限定理。验证的过程如下：

（1）生成模拟的样本数据 1000 组，每组 6000 个数据，都服从均值为 60、方差为 100 的正态分布。

（2）求出 1000 组数据各自的样本均值，画出 1000 个样本均值的频率分布直方图，观察它的正态性特点。

（3）用描述性统计功能，计算 1000 个样本均值的均值和方差，看是否满足中心极限定理。

（4）将软件分析的结果中的表和图输出到 word 中，图表格式请参照《中国农村经济》期刊的要求。

（5）当样本组数提高到 10000 组，每组 6000 个数据时，对比一下两个软件在操作上的不同，哪个软件更具有计算的优势。

9. 学会用命令来运行 STATA 软件，创建和使用 do 文件，对 do 文件进行编辑和保存，在 STATA 中执行 do 文件。

10. 用 STATA 软件编写一个农村居民收入基尼系数的测算程序。程序编写完成后可以自行设计调研，用调研数据检验程序的运行，在应用中优化程序。

第 4 章 农林经济管理中常用的推断统计

Chapter Four

推断统计方法在农林经济管理研究中具有重要的作用,主要体现在以下几个方面:

数据分析:农林经济管理研究需要大量的数据来支撑研究结论,推断统计方法可以帮助研究人员对数据进行分析,揭示数据之间的关系和规律,为决策提供科学依据。

实证研究:推断统计方法可以帮助研究人员进行实证研究,通过对样本数据进行推断统计,得出对总体的结论,从而验证理论假设或者发现新的规律。

预测和决策:推断统计方法可以帮助研究人员对未来的趋势和发展进行预测,为农林经济管理提供决策支持,帮助农林经济管理者做出科学的决策。

评估效果:推断统计方法可以帮助研究人员对农林经济管理政策、项目或措施的效果进行评估,从而及时调整和改进管理策略。

综上所述,推断统计方法可以帮助农林经济管理研究人员进行数据分析、实证研究、预测和决策以及评估效果,为农林经济管理提供科学的支持和指导。

4.1 参数估计

4.1.1 参数估计的相关概念

参数是总体的特征,比如总体的均值、方差、标准差、总体中某种样本的占比等都是总体的参数。

统计量是样本的特征,比如样本的均值、方差、标准差、总体中某种样本的占比等都是样本的统计量。

所以,在统计学中,参数与总体对应,统计量与样本对应。参数估计是指用样本的特征估计相应的总体的特征,即用样本统计量估计总体参数。

点估计是将样本的某个特征值作为总体对应的特征的估计值。比如，为了了解大型核桃种植林里核桃树遭遇病虫害的比重，从该大型核桃种植林中随机选择1000棵树进行调查，结果发现有150棵树遭遇病虫害，那么样本中核桃树遭遇病虫害的比重为15%。如果将这个15%也视为总体中核桃树遭遇病虫害的比重，那么这就是一个点估计。

区间估计是在点估计的基础上，给点估计的值加减一个估计误差，形成一个区间估计。显然，区间估计的结果要比点估计的结果更加准确。但是区间估计也会面临一个两难的问题，就是准确性与实用性的权衡。区间选择过大虽然能保证较高的准确性，但是可能会减弱实用性。举一个例子：当猜测一个人是哪个地方的人时，我们猜的地方越小越容易错；如果我们说他是地球人，肯定不会出错，但是这样的猜测没有实用性。

在进行区间估计时，用样本统计量估计的总体的参数的估计区间称为参数的置信区间，置信区间的最小值是点估计减去估计误差，最大值是点估计加上估计误差。

置信区间 = [点估计减去估计误差，点估计加上估计误差]

估计误差是由总体的分布形态和样本的标准差共同决定的。比如，若总体是正态分布，那么根据中心极限定理，样本的均值 $\overline{X} \sim N(\mu, \frac{\sigma^2}{n})$，此时估计误差为：$\alpha/2$ 总体服从正态分布或者近似服从正态分布，$\frac{\sigma}{\sqrt{n}}$ 是样本的标准差。这里的 α 表示**显著性水平**。

$1-\alpha$ 表示**置信水平**，**置信水平**是指我们由样本得到的总体参数的区间估计有多大概率包含了真实的总体参数值。置信水平越高，区间的范围就越大，反之则反是。

4.1.2 单个总体的参数区间估计

单个总体有多个参数，本书主要介绍常用的总体均值、总体比例、总体方差的估计方法。对单个总体的参数进行区间估计的关键在于求出估计误差。

1. 大样本或者总体方差已知的情况下总体均值的估计

大样本或者总体方差已知的情况下，估计误差的分布为正态分布，所以区间估计的公式为：$\overline{X} \pm Z_{\alpha/2} \frac{\sigma}{\sqrt{n}}$。

【例题4-1】某地区的农村居民在全面脱贫后收入有了较大程度的提升，为了解该地区种植户的年收入情况，随机调查了66个种植户，其家庭收入情况见表4-1。

表4-1　66个种植户的家庭年收入　　　　　　　　　　　　　　　　　　单位：元

43307	65474	55957	59488	68068	56029
65989	54201	56176	71766	54851	57082
47022	63649	55208	41536	64700	55887
59199	61184	40716	66812	60335	46560

续表

57455	53219	66013	64211	51684	44736
49052	52654	64343	60719	44047	49465
59517	65218	56549	69587	50185	58749
61535	58371	56600	59054	51916	61235
59108	50954	64521	69092	55892	69756
66614	65614	67438	67867	69498	67414
66232	52222	47017	78122	72486	65240

试估计该地区所有种植户的家庭年收入的平均值所在的区间，置信水平为95%。

解： 根据区间估计的公式，我们需要先求出样本的均值，再计算估计误差。

$$样本均值\overline{X} = \sum x_i / n = 58976$$

这里有66个样本，属于大样本（样本量超过30就可称为大样本），置信水平为95%，说明$\alpha = 0.05$。

$$Z_{\alpha/2} = Z_{0.025} = normal(0.025) = -1.96$$

没有给出总体的标准差，可以用样本的标准差$s = 8298$代替总体的标准差σ。由此：

$$\overline{X} \pm Z_{\alpha/2}\frac{\sigma}{\sqrt{n}} = 58976 \pm 1.96 \times 8298 / \sqrt{66}$$

所以，在置信水平为95%时，总体均值的估计区间为[56974.03，60977.97]。

【例题4-2】 一家农产品加工厂主要加工袋装小叶绿茶，每天加工规格为200克的绿茶约5000袋。为了对每天加工的袋装小叶绿茶的重量进行检测，从加工好的产品中随机抽选了20袋，检测结果见表4-2。

表4-2　20袋茶叶的重量　　　　单位：克

198	197	201	202	203
202	202	199	200	199
200	200	197	201	198
201	199	200	202	202

已知袋装茶叶的重量服从正态分布，且总体的标准差为2，置信水平为95%，试估计每天生产的茶叶的重量区间。

解： 根据区间估计的公式，我们需要先求出样本的均值，再计算估计误差。

$$样本均值\overline{X} = \sum x_i / n = 200.15$$

这里有20个样本，属于小样本，总体服从正态分布，总体的标准差已知，仍然采用正态分布计算估计误差。置信水平为95%，说明$\alpha = 0.05$。

$$Z_{\alpha/2} = Z_{0.025} = normal(0.025) = -1.96$$

总体的标准差 σ 为 2，由此：

$$\overline{X} \pm Z_{\alpha/2} \frac{\sigma}{\sqrt{n}} = 200.15 \pm 1.96 \times 2 / \sqrt{20}$$

所以，在置信水平为 95% 时，总体均值的估计区间为 [199.27346, 201.02654]。

2. 小样本或者总体方差未知的情况下总体均值的估计

【例题4-3】 一家农产品加工厂主要加工袋装小叶绿茶，每天加工规格为 200 克的绿茶约 5000 袋。为了对每天加工的袋装小叶绿茶的重量进行检测，从加工好的产品中随机抽选了 20 袋，检测结果见表 4-3。

表 4-3　20 袋茶叶的重量　　　　　　　　　　　　　　　　　　单位：克

198	197	201	202	203
202	202	199	200	199
200	200	197	201	198
201	199	200	202	202

置信水平为 95%，试估计每天生产的茶叶的重量区间。

解： 根据区间估计的公式，我们需要先求出样本的均值，再计算估计误差。

$$样本均值 \overline{X} = \sum x_i / n = 200.15$$

这里有 20 个样本，属于小样本。总体的标准差未知，不能再采用正态分布计算估计误差，而应该采用 T 分布计算估计误差。置信水平为 95%，说明 $\alpha = 0.05$，自由度为 $n-1=19$。

$$t_{\alpha/2} = t_{0.025} = invT(19, 0.025) = -2.093$$

没有给出总体的标准差，可以用样本的标准差 $s = 0.4$ 代替总体的标准差 σ。由此：

$$\overline{X} \pm t_{\alpha/2} \frac{\sigma}{\sqrt{n}} = 200.15 \pm 2.093 \times 0.4 / \sqrt{20}$$

所以，在置信水平为 95% 时，总体均值的估计区间为 [199.9628, 200.3372]。

3. 用样本比例估计总体比例

用样本的比例估计总体的比例也是农林经济实践中经常用到的方法。比如用抽样的方法测算果树受到病虫害的比例，用某地区农村抽样人群营养不良的比例估计该地区农村人口营养不良的比例等。

在用样本比例估计总体比例时样本量不能少，要达到大样本的要求。总体的比例用 π 表示，样本的比例用 p 表示。总体的比例 π 的区间估计方法仍然是点估计加减估计误差。公式如下：

$$\pi = p \pm Z_{\alpha/2} \sqrt{\frac{p(1-p)}{n}}$$

公式中的 p 是样本的比例，$Z_{\alpha/2}$ 与之前意思相同，$\sqrt{\dfrac{p(1-p)}{n}}$ 是样本的标准差。$Z_{\alpha/2}\sqrt{\dfrac{p(1-p)}{n}}$ 是估计误差。

【例题 4-4】 核桃种植区部分核桃树遭受病虫害，为了估计遭受病虫害的核桃树所占的比重，随机选取了 1000 棵核桃树检查，发现其中有 150 棵核桃树是遭受病虫害的。以 95% 的置信区间估计核桃种植区遭受病虫害的核桃树所占的比重。

解：
$$n=1000,\ p=\dfrac{150}{1000}=0.15$$

$$p\pm Z_{\alpha/2}\sqrt{\dfrac{p(1-p)}{n}}=0.15\pm Z_{0.025}\times\sqrt{\dfrac{0.15(1-0.15)}{1000}}=0.15\pm 1.96\times\sqrt{\dfrac{0.15(1-0.15)}{1000}}$$

所以核桃种植区遭受病虫害的核桃树所占比重的区间为 [0.1279，0.1721]，即 [12.79%，17.21%]。

4. 用样本方差估计总体方差

用样本方差估计总体方差在实践中主要考虑正态总体，公式为：

$$\dfrac{(n-1)s^2}{\chi^2_{1-\alpha/2}}\leqslant\sigma^2\leqslant\dfrac{(n-1)s^2}{\chi^2_{\alpha/2}}$$

这里的公式可能与其他教材不一致，不一致的地方在于分母 $\chi^2_{\alpha/2}$ 和 $\chi^2_{1-\alpha/2}$ 的位置不同，这里不等式的两端分子完全一样，分母大的为最小值，分母小的为最大值。有些教材中在计算卡方分布的累积概率时，是计算横坐标对应的右边的面积（取右边）；而 Excel、STATA 等统计软件是取左边的面积，本书使用 STATA 软件，因此也取左边的面积。这里大家不用过分担心，不管用什么软件计算出的 $\chi^2_{\alpha/2}$ 和 $\chi^2_{1-\alpha/2}$ 的值，谁大谁就是最小值的分母，这样就不会因为使用的软件不同而搞错。

【例题 4-5】 表 4-4 是某个乡村旅游景点随机调查的游客满意度打分情况，以 95% 的置信区间估计所有游客满意度的方差区间。

表 4-4　乡村旅游景点的游客满意度打分

71	72	78	74	78	66	80
75	76	63	77	87	75	67
70	86	75	78	62	65	82
73	74	72	73	76	61	80
82	62	56	72	80	85	78

解： 根据 35 个样本数据计算样本的方差：

$$s^2=\dfrac{\sum_{i=1}^{n}(x_i-\bar{x})^2}{n-1}=55.49$$

置信区间为 95%，所以显著性水平 $\alpha=0.05$，自由度为 35-1=34。

$$\chi^2_{\alpha/2}(n-1)=\chi^2_{0.025}(34)=invchi^2(34,0.025)=19.81$$

$$\chi^2_{1-\alpha/2}(n-1) = \chi^2_{0.975}(34) = invchi^2(34, 0.975) = 51.97$$

$$\frac{(n-1)s^2}{\chi^2_{1-\alpha/2}} \leq \sigma^2 \leq \frac{(n-1)s^2}{\chi^2_{\alpha/2}} \Rightarrow \frac{(35-1) \times 55.49}{51.97} \leq \sigma^2 \leq \frac{(35-1) \times 55.49}{19.81}$$

所以以 95% 的置信区间估计出的所有游客满意度的方差区间为 [36.30, 95.24]。

4.1.3 两个独立总体的参数估计

在实际的研究中，由于小样本的统计方法复杂，且在统计的性质等方面不如大样本，所以，在实际应用中我们很少使用小样本进行研究。

1. 两个独立总体均值差值的区间估计

这里我们主要考虑大样本，两个独立的大样本的均值分别为 $\bar{X}_1$ 和 $\bar{X}_2$，方差分别为 s_1^2 和 s_2^2，总体均值之差 $u_1 - u_2$ 的区间估计公式如下：

$$(\bar{X}_1 - \bar{X}_2) \pm Z_{\alpha/2} \sqrt{\frac{s_1^2}{n_1} + \frac{s_2^2}{n_2}}$$

【例题 4-6】为了了解游客对两个乡村旅游景点满意度打分的平均数之差，随机从两个景点的满意度打分中选取了两个样本，两个样本的相关数据见表 4-5。

表 4-5 两个景点游客满意度的打分相关数据

景点 1	景点 2
$n_1 = 42$	$n_2 = 50$
$\bar{X}_1$	$\bar{X}_2$
$s_1 = 4$	$s_2 = 6$

根据表 4-5 中数据建立两个景点游客满意度平均数之差的 95% 的置信区间。

解：
$$(\bar{X}_1 - \bar{X}_2) \pm Z_{\alpha/2} \sqrt{\frac{s_1^2}{n_1} + \frac{s_2^2}{n_2}} = (82 - 72) \pm 1.96 \times \sqrt{\frac{4^2}{42} + \frac{6^2}{50}}$$

计算的结果为 [7.943445, 12.056555]，即两个景点游客满意度平均数之差的 95% 的置信区间为 [7.943445, 12.056555]。

2. 两个独立总体比例差值的区间估计

两个独立大样本中，样本的观测值分别为 n_1 和 n_2，关注对象在两个总体中的占比分别为 p_1 和 p_2，有了这些已知条件就可以用样本的比例之差估计总体的比例之差。估计的公式为：

$$(p_1 - p_2) \pm Z_{\alpha/2} \sqrt{\frac{p_1(1-p_1)}{n_1} + \frac{p_2(1-p_2)}{n_2}}$$

【例题 4-7】为了调查两个地区农户吃早餐的情况，在 A 地区随机调查了 500 名农户，其中有 320 名农户有经常吃早餐的习惯。在 B 地区随机调查了 460 名农户，其中有 124 名农户有经常吃早餐的习惯。试估计两个地区农户吃早餐的比例之差的 95% 置信区间。

解：
$$p_1 = \frac{320}{500} = 0.64, \quad p_2 = \frac{124}{460} = 0.27, \quad Z_{\alpha/2} = -1.96$$

$$(p_1 - p_2) \pm Z_{\alpha/2} \sqrt{\frac{p_1(1-p_1)}{n_1} + \frac{p_2(1-p_2)}{n_2}}$$

$$= (0.64 - 0.27) \pm 1.96 \times \sqrt{\frac{0.64(1-0.64)}{500} + \frac{0.27(1-0.27)}{460}}$$

计算的结果为［31.16%，42.84%］，即 A 地区与 B 地区经常吃早餐的农户比例之差的 95% 的置信区间为［31.16%，42.84%］。

3. 两个独立总体方差之比的区间估计

方差的计算形式是平方之和，比较方差大小有作差法和作商法两种方式，方差之比与卡方分布有较强的关联性，可以构造 F 统计量。

总体方差之比的置信区间公式为：

$$\frac{s_1^2 / s_2^2}{F_{1-\alpha/2}} \leq \frac{\sigma_1^2}{\sigma_2^2} \leq \frac{s_1^2 / s_2^2}{F_{\alpha/2}}$$

【例题 4-8】 为了研究两个地区农户消费的差异，在 A 地区随机抽选了 50 名农户，计算出这 50 名农户消费支出的方差为 78648，在 B 地区随机抽选了 50 名农户，计算出这 50 名农户消费支出的方差为 87884。试用 95% 的置信水平估计两个地区农户消费支出的方差之比的置信区间。

解：
$$s_1^2 = 78648, \quad s_2^2 = 87884$$

$$\frac{s_1^2 / s_2^2}{F_{1-\alpha/2}} \leq \frac{\sigma_1^2}{\sigma_2^2} \leq \frac{s_1^2 / s_2^2}{F_{\alpha/2}} \Rightarrow \frac{78648/87884}{F_{0.975}(49,49)} \leq \frac{\sigma_1^2}{\sigma_2^2} \leq \frac{78648/87884}{F_{0.025}(49,49)}$$

$$\frac{78648/87884}{F_{0.975}} \leq \frac{\sigma_1^2}{\sigma_2^2} \leq \frac{78648/87884}{F_{0.025}}$$

计算的结果为［0.51，1.58］，即 A 地区与 B 地区农户消费支出的方差之比 95% 的置信区间为［0.51，1.58］。

4.2 假设检验

假设检验是推断统计中的重要内容，农林经济实践中假设检验也是经常使用的方法。虽然现在的统计方法更加复杂化，但是假设检验依然是推断统计中不可或缺的方法。假设检验与参数估计不同，参数估计是利用样本的统计量估计总体的参数；而假设检验是先提出一个对总体参数的假设，然后对这个假设利用小概率事件进行检验。

4.2.1 假设检验的相关概念

原假设是对总体的参数提出的假设，有三种情况：总体的参数等于常数、总体的参数小于等于常数、总体的参数大于等于常数。原假设一般用 H_0 表示。

备择假设是针对原假设提出的假设，如果原假设被推翻，则备择假设成立。备择假设一般用H_1表示。

两类错误是指弃真的错误和取伪的错误。弃真的错误就是原假设是正确的，但是我们却拒绝了原假设，接受了备择假设。取伪的错误就是原假设是错误的，但是我们没有拒绝原假设。弃真的错误又被称为第Ⅰ类错误（α错误），取伪的错误又被称为第Ⅱ类错误（β错误）。两类错误越小越好，但是让两类错误同时达到最小是绝对做不到的。在实际的应用中我们主要采用第Ⅰ类错误（α错误）来判断原假设。

单侧检验是指对原假设是总体的参数小于等于常数或者总体的参数大于等于常数进行的第Ⅰ类错误（α错误）检验。例如：当原假设是总体的参数小于等于常数时，那么大于该常数就可以拒绝原假设。大于该常数的区域被称为拒绝域，拒绝域在右边，又称为右侧检验。同理，当原假设是总体的参数大于等于常数时，那么小于该常数就可以拒绝原假设。小于该常数的区域被称为拒绝域，拒绝域在左边，又称为左侧检验。

双侧检验是对原假设是总体的参数等于常数进行的第Ⅰ类错误（α错误）检验。由于原假设是总体的参数等于常数，那么大于该常数和小于该常数都可以拒绝原假设。这样大于和小于的区域分别在置信区间的左右两边，有两个拒绝域，所以是双侧检验。

伴随概率P值是采用第Ⅰ类错误（α错误）来判断原假设的方法。对于不熟悉统计学的使用者来说，它是一种很便捷的方法。一般说来，如果$\alpha=0.05$，那么对于单侧检验而言，只要伴随概率P值小于0.05，就可以拒绝原假设，反之不能拒绝原假设。对于双侧检验而言，只要P值小于0.025就可以拒绝原假设，反之不能拒绝原假设。伴随概率P值的计算方法在后面的例题中会进一步讲解。

4.2.2 单个总体参数的检验

1. 总体均值的假设检验

总体均值的假设检验，是对总体的平均值进行的假设检验，通常情况下是总体的数量太大无法对总体的均值进行统计，或者对总体的均值有怀疑，需要用假设检验的方法进行验证。总体均值的检验步骤：

（1）提出总体均值的假设（原假设，备择假设）。

（2）根据总体均值的假设构建标准正态分布下的总体均值的置信区间和拒绝域。

（3）将样本的均值标准化，判断样本的均值标准化的值是落入置信区间还是拒绝域，落入置信区间无法拒绝原假设，落入拒绝域则拒绝原假设，接受备择假设。

【例题4-9】（双侧检验）农民工外出务工的收入在不断增加，某地区有大量的年轻劳动力外出务工，有人估计该地区外出务工的男性的年平均工资收入已经达到80000元，为了验证这一说法，课题组采用随机抽样的方法对该地区的200名男性外出务工人员的工资进行了调查。调查结果显示，该地区的200名男性外出务工人员的平均工资为73120元，样本的标准差为1860。试以95%的置信水平判断外出务工的男性的年平均工资收入已经达到80000元是否可信。

解：原假设：该地区外出务工的男性的年平均工资收入等于80000元。

$$H_0: \mu = 80000$$

备择假设：该地区外出务工的男性的年平均工资收入不等于80000元。

$$H_1: \mu \neq 80000$$

以80000元为中心构建标准正态分布下的置信区间。将80000标准化为$\frac{80000-80000}{1860}=0$，构建的95%置信区间为：$[Z_{0.025}, Z_{0.975}]=[-1.96,1.96]$，所以在标准化下大于1.96和小于-1.96的区域是拒绝域，-1.96和1.96之间的区域为置信区间。

将73120标准化为：$\frac{73120-80000}{1860}=-3.699$，样本均值标准化的值-3.699落入了拒绝域，所以拒绝原假设接受备择假设：该地区外出务工的男性的年平均工资收入不等于80000元。

【例题4-10】（左侧检验）农民工外出务工的收入在不断增加，某地区有大量的年轻劳动力外出务工，有人估计该地区外出务工的男性的年平均工资收入已经超过80000元，为了验证这一说法，课题组采用随机抽样的方法对该地区的200名男性外出务工人员的工资进行了调查。调查结果显示，该地区的200名男性外出务工人员的平均工资为73120元，样本的标准差为1860。试以95%的置信水平判断外出务工的男性的年平均工资收入已经超过80000元是否可信。

解：原假设：该地区外出务工的男性的年平均工资收入大于80000元。

$$H_0: \mu > 80000$$

备择假设：该地区外出务工的男性的年平均工资收入小于等于80000元。

$$H_1: \mu \leq 80000$$

以80000元为中心构建标准正态分布下的置信区间。将80000标准化为$\frac{80000-80000}{1860}=0$，构建的95%置信区间为$[Z_{0.05}, Z_1]=[-1.645, +\infty)$，所以在标准化下小于-1.645的区域是拒绝域，大于等于-1.645的区域为置信区间。

将73120标准化为：$\frac{73120-80000}{1860}=-3.699$，样本均值标准化的值-3.699落入了拒绝域，所以拒绝原假设接受备择假设：该地区外出务工的男性的年平均工资收入小于80000元。

【例题4-11】（右侧检验）农民工外出务工的收入在不断增加，某地区有大量的年轻劳动力外出务工，有人估计该地区外出务工的女性的年平均工资收入不到50000元，为了验证这一说法，课题组采用随机抽样的方法对该地区的180名女性外出务工人员的工资进行了调查。调查结果显示，该地区的180名女性外出务工人员的平均工资为52145元，样本的标准差为1490。试以95%的置信水平判断外出务工的女性的年平均工资收入不到50000元是否可信。

解：原假设：该地区外出务工的女性的年平均工资收入小于等于50000元。

$$H_0: \mu < 50000$$

备择假设：该地区外出务工的女性的年平均工资收入大于等于50000元。

$$H_1: \mu \geq 50000$$

以 50000 元为中心构建标准正态分布下的置信区间。将 50000 标准化为 $\frac{50000-50000}{1490}=0$，构建的 95% 置信区间为 $[Z_0, Z_{0.95}]=(-\infty, 1.645]$，所以在标准化下大于 1.645 的区域是拒绝域，小于等于 1.645 的区域为置信区间。

将 52145 标准化为 $\frac{52145-50000}{1490} \approx 1.44$，样本均值标准化的值 1.44 落入了置信区间，所以无法拒绝原假设：该地区外出务工的女性年平均工资收入小于等于 50000 元。

2. 总体比例的假设检验

总体比例的假设检验是对总体比例进行的假设检验，通常情况下是总体的数量太大无法对总体比例进行统计，或者对总体的比例有怀疑，需要用假设检验的方法进行验证。总体比例的检验步骤：

（1）提出总体比例的假设（原假设，备择假设）。

（2）根据总体比例的假设构建标准正态分布下的总体比例的置信区间和拒绝域。

（3）将样本的比例标准化，判断样本的比例标准化的值是落入置信区间还是拒绝域，落入置信区间无法拒绝原假设，落入拒绝域则拒绝原假设，接受备择假设。

【例题 4-12】（双侧检验）随着农业的发展和农村劳动力的转移，农业机械化水平在不断提高。有人估计某地区的农村选择水稻机械化收割的农户的比例为 70%，为了验证这一说法，调研小组在该地区随机选取了 120 个农户进行调查，结果发现有 95 户选择了水稻机械化收割。试以 95% 的置信水平判断该地区的农村选择水稻机械化收割的农户的比例为 70% 是否可信。

解： 原假设：该地区的农村选择水稻机械化收割的农户的比例等于 70%。

$$H_0: \pi = 70\%$$

备择假设：该地区的农村选择水稻机械化收割的农户的比例不等于 70%。

$$H_1: \pi \neq 70\%$$

标准化的公式为：

$$Z = \frac{p-\pi}{\sqrt{\frac{\pi(1-\pi)}{n}}}$$

以 70% 为中心构建标准正态分布下的置信区间，70% 标准化为 0。

$$Z = \frac{70\%-70\%}{\sqrt{\frac{0.7(1-0.7)}{120}}} = 0$$

构建的 95% 置信区间为 $[Z_{0.025}, Z_{0.975}]=[-1.96, 1.96]$，所以在标准化下大于 1.96 和小于 -1.96 的区域是拒绝域，-1.96 和 1.96 之间的区域为置信区间。

样本的比例为 $\frac{95}{120} \approx 0.792$，将 0.792 标准化为 $\frac{79.2\%-70\%}{\sqrt{\frac{0.7(1-0.7)}{120}}} \approx 2.20$，样本比例标准化的值 2.20 落入了拒绝域，所以拒绝原假设接受备择假设：该地区的农村选择水稻机械化收割的农户的比例不等于 70%。

【例题4-13】（左侧检验）随着农业的发展和农村劳动力的转移，农业机械化水平在不断提高。有人估计某地区的农村选择水稻机械化收割的农户的比例超过80%，为了验证这一说法，调研小组对该地区随机选取了120名农户进行调查，结果发现有95户选择了水稻机械化收割。试以95%的置信水平判断该地区的农村选择水稻机械化收割的农户的比例超过80%是否可信。

解： 原假设：该地区的农村选择水稻机械化收割的农户的比例大于等于80%。

$$H_0: \pi \geq 80\%$$

备择假设：该地区的农村选择水稻机械化收割的农户的比例小于80%。

$$H_1: \pi < 80\%$$

标准化的公式为：

$$Z = \frac{p - \pi}{\sqrt{\frac{\pi(1-\pi)}{n}}}$$

以80%为中心构建标准正态分布下的置信区间，80%标准化为0。

$$Z = \frac{80\% - 80\%}{\sqrt{\frac{0.8(1-0.8)}{120}}} = 0$$

构建的95%置信区间为$[Z_{0.05}, Z_1] = [-1.645, +\infty)$，所以在标准化下小于$-1.645$的区域是拒绝域，大于等于$-1.645$的区域为置信区间。

样本的比例为$\frac{95}{120} \approx 0.792$，将0.792标准化为$\frac{79.2\% - 80\%}{\sqrt{\frac{0.8(1-0.8)}{120}}} \approx -2.19$，样本比例标准化的值$-2.19$落入了拒绝域，所以拒绝原假设接受备择假设：该地区的农村选择水稻机械化收割的农户的比例小于80%。

【例题4-14】（右侧检验）随着农业的发展和农村劳动力的转移，农业机械化水平在不断提高。有人估计某地区的农村选择水稻机械化收割的农户的比例低于80%，为了验证这一说法，调研小组对该地区随机选取了120名农户进行调查，结果发现有95户选择了水稻机械化收割。试以95%的置信水平判断该地区的农村选择水稻机械化收割的农户的比例低于80%是否可信。

解： 原假设：该地区的农村选择水稻机械化收割的农户的比例小于等于80%。

$$H_0: \pi \leq 80\%$$

备择假设：该地区的农村选择水稻机械化收割的农户的比例大于80%。

$$H_1: \pi > 80\%$$

标准化的公式为：

$$Z = \frac{p - \pi}{\sqrt{\frac{\pi(1-\pi)}{n}}}$$

以80%为中心构建标准正态分布下的置信区间，80%标准化为0。

$$Z = \frac{80\% - 80\%}{\sqrt{\frac{0.8(1-0.8)}{120}}} = 0$$

构建的 95% 置信区间为 $[Z_0, Z_{0.95}] = (-\infty, 1.645]$，所以在标准化下大于 1.645 的区域是拒绝域，小于等于 1.645 的区域为置信区间。

样本的比例为 $\frac{95}{120} \approx 0.792$，将 0.792 标准化为 $\frac{79.2\% - 80\%}{\sqrt{\frac{0.8(1-0.8)}{120}}} \approx -2.19$，样本比例标准化的值 -2.19 落入了置信区间，所以无法拒绝原假设：该地区的农村选择水稻机械化收割的农户的比例小于等于 80%。

3. 总体方差的假设检验

总体方差的假设检验是对总体的方差进行的假设检验，通常情况下是总体的数量太大无法对总体的方差进行统计，或者对总体的方差有怀疑，需要用假设检验的方法进行验证。总体方差的检验步骤：

（1）提出总体方差的假设（原假设，备择假设）。

（2）根据总体方差的假设构建卡方分布下的总体方差的置信区间和拒绝域。

（3）计算样本方差，判断样本方差的值是落入置信区间还是拒绝域，落入置信区间无法拒绝原假设，落入拒绝域则拒绝原假设，接受备择假设。

【例题 4-15】某农产品加工厂加工酸角汁后用机器装瓶，按规定一瓶酸角汁为 500 毫升，误差不超过 5 毫升（方差不超过 25）。如果达到要求说明装瓶机器的性能稳定。现在从生产线上随机抽取了 150 瓶检验，测得 150 瓶酸角汁的方差为 25.5。试以 95% 的置信水平判断装瓶机器的性能是否稳定。

解： H_0: $\sigma^2 \leq 25$; H_1: $\sigma^2 > 25$

用和前文一样的方法构造卡方统计量：

$$\chi^2 = \frac{(n-1)s^2}{\sigma^2} = \frac{(150-1) \times 25.5}{25} = 151.98$$

本题是右侧检验，$\chi^2_{0.95}(149) = 178.48535$，大于 178.48535 的区域为拒绝域，小于等于 178.48535 的区域为置信区间。151.98 落入了置信区间，所以无法拒绝原假设：$\sigma^2 \leq 25$。

4.2.3 两个总体参数的检验

1. 两个总体均值之差的假设检验

当两个总体的样本量较大或者两个总体均服从正态分布时，两个总体的差值也服从正态分布。

$$Z = \frac{(\overline{x_1} - \overline{x_2}) - (\mu_1 - \mu_2)}{\sqrt{\frac{\sigma_1^2}{n_1} + \frac{\sigma_2^2}{n_2}}}, \quad 这里 \sigma_{\overline{x_1} - \overline{x_2}} = \sqrt{\frac{\sigma_1^2}{n_1} + \frac{\sigma_2^2}{n_2}}$$

两个总体均值之差的假设检验是对两个总体均值的差值进行的假设检验,通常情况下是总体的数量太大无法对总体的均值进行统计,或者对两个总体的均值的差值有怀疑,需要用假设检验的方法进行验证。两个总体均值之差的假设检验的步骤:

(1)提出两个总体均值之差的假设(原假设,备择假设)。

(2)根据两个总体均值之差的假设构建标准正态分布下的两个总体均值之差的置信区间和拒绝域。

(3)计算样本的均值之差,判断样本的均值之差的值是落入置信区间还是拒绝域,落入置信区间无法拒绝原假设,落入拒绝域则拒绝原假设,接受备择假设。

【例题 4-16】(双侧检验)城乡高中语文教育的成绩存在差距,有人估计高考中省会城市的学生的语文平均分会比在县城读书的农村学生高 15 分。为了验证这一说法,调研小组随机调查了 120 名农村高考学生的语文成绩,统计发现农村学生的语文平均分为 90.5 分,方差为 1985。调研小组又随机调查了 120 名城市高考学生的语文成绩,统计发现城市学生的语文平均分为 113 分,方差为 1560。试以 95% 的置信水平判断城乡高考语文的平均分之差是否等于 15 分。

解: $H_0: \mu_1 - \mu_2 = 15$; $H_1: \mu_1 - \mu_2 \neq 15$

15 标准化后为 0,构建的 95% 置信区间为 $[Z_{0.025}, Z_{0.975}] = [-1.96, 1.96]$,所以在标准化下大于 1.96 和小于 -1.96 的区域是拒绝域,-1.96 和 1.96 之间的区域为置信区间。构造 Z 统计量:

$$Z = \frac{(\overline{x_1} - \overline{x_2}) - (\mu_1 - \mu_2)}{\sqrt{\frac{\sigma_1^2}{n_1} + \frac{\sigma_2^2}{n_2}}} = \frac{(113 - 90.5) - 15}{\sqrt{\frac{1560}{120} + \frac{1985}{120}}} \approx 1.38$$

1.38 落入了置信区间,所以无法拒绝原假设:$\mu_1 - \mu_2 = 15$。

【例题 4-17】(左侧检验)城乡高中语文教育的成绩存在差距,有人估计高考中省会城市的学生的语文平均分会比在县城读书的农村学生高 15 分以上。为了验证这一说法,调研小组随机调查了 120 名农村高考学生的语文成绩,统计发现农村学生的语文平均分为 90.5 分,方差为 1985。调研小组又随机调查了 120 名城市高考学生的语文成绩,统计发现城市学生的语文平均分为 113 分,方差为 1560。试以 95% 的置信水平判断城乡高考语文的平均分之差是否大于等于 15 分。

解: $H_0: \mu_1 - \mu_2 \geq 15$; $H_1: \mu_1 - \mu_2 < 15$

15 标准化后为 0,构建的 95% 置信区间为 $[Z_{0.05}, Z_1] = [-1.645, +\infty)$,所以在标准化下小于 -1.645 的区域是拒绝域,大于等于 -1.645 的区域为置信区间。构造 Z 统计量:

$$Z = \frac{(\overline{x_1} - \overline{x_2}) - (\mu_1 - \mu_2)}{\sqrt{\frac{\sigma_1^2}{n_1} + \frac{\sigma_2^2}{n_2}}} = \frac{(113 - 90.5) - 15}{\sqrt{\frac{1560}{120} + \frac{1985}{120}}} \approx 1.38$$

1.38 落入了置信区间,所以无法拒绝原假设:$\mu_1 - \mu_2 \geq 15$。

【例题 4-18】(右侧检验)题目内容与上题一致,更改假设。试以 95% 的置信水平判断城乡高考语文的平均分之差是否小于 15 分。

解: $H_0: \mu_1 - \mu_2 \leq 15$; $H_1: \mu_1 - \mu_2 > 15$

15标准化后为0,构建的95%置信区间为$[Z_0, Z_{0.95}] = (-\infty, 1.645]$,所以在标准化下大于1.645的区域是拒绝域,小于等于1.645的区域为置信区间。构造Z统计量:

$$Z = \frac{(\overline{x_1} - \overline{x_2}) - (\mu_1 - \mu_2)}{\sqrt{\frac{\sigma_1^2}{n_1} + \frac{\sigma_2^2}{n_2}}} = \frac{(113 - 90.5) - 15}{\sqrt{\frac{1560}{120} + \frac{1985}{120}}} \approx 1.38$$

1.38仍然落入了置信区间,所以无法拒绝原假设:$\mu_1 - \mu_2 \leq 15$。

思考:不管我们如何修改原假设和备择假设都没有办法拒绝原假设,大家可以想一想为什么会这样。

2. 两个总体比例之差的假设检验

两个总体比例之差的假设检验是对两个总体比例的差值进行的假设检验,通常情况下是总体的数量太大无法对总体比例进行统计,或者对两个总体比例的差值有怀疑,需要用假设检验的方法进行验证。两个总体比例之差的假设检验的步骤:

(1)提出两个总体比例之差的假设(原假设,备择假设)。

(2)根据两个总体比例之差的假设构建标准正态分布下的两个总体比例之差的置信区间和拒绝域。

(3)计算样本的比例之差,判断样本的比例之差的值是落入置信区间还是拒绝域,落入置信区间无法拒绝原假设,落入拒绝域则拒绝原假设,接受备择假设。

【例题4-19】(双侧检验)城乡高中教育的成绩存在差距,有人认为省会城市的城市户籍学生的高考一本率要比县城农村户籍学生的高考一本率高20个百分点。为了验证这一说法,调研小组随机调查了120名农村高考学生的成绩,统计发现其中高考成绩达到一本线的为32人。调研小组又随机调查了120名城市高考学生的成绩,统计发现其中高考成绩达到一本线的为66人。试以95%的置信水平判断城乡高考一本率之差是否等于20%。

解: $H_0: \pi_1 - \pi_2 = 20\%;\quad H_1: \pi_1 - \pi_2 \neq 20\%$

双侧检验构建的95%置信区间为$[Z_{0.025}, Z_{0.975}] = [-1.96, 1.96]$,所以在标准化下大于1.96和小于-1.96的区域是拒绝域,-1.96和1.96之间的区域为置信区间。构造Z统计量:

$$Z = \frac{(p_1 - p_2) - (\pi_1 - \pi_2)}{\sqrt{\frac{p_1(1-p_1)}{n_1} + \frac{p_2(1-p_2)}{n_2}}} = \frac{(p_1 - p_2) - d_0}{\sqrt{\frac{p_1(1-p_1)}{n_1} + \frac{p_2(1-p_2)}{n_2}}}$$

$$p_1 = \frac{66}{120} = 0.55,\quad p_2 = \frac{32}{120} \approx 0.27,\quad n_1 = n_2 = 120,\quad d_0 = 0.2$$

$$Z = \frac{(p_1 - p_2) - d_0}{\sqrt{\frac{p_1(1-p_1)}{n_1} + \frac{p_2(1-p_2)}{n_2}}} = \frac{(0.55 - 0.27) - 0.2}{\sqrt{\frac{0.55(1-0.55)}{120} + \frac{0.27(1-0.27)}{120}}} \approx 1.31$$

1.31落入了置信区间,所以无法拒绝原假设:城乡高考一本率之差等于20%。

【例题4-20】 题目内容与上题一致,更改假设。试以95%的置信水平判断城乡高考一本率之差是否大于等于20%。

解： $H_0: \pi_1 - \pi_2 \geq 20\%$； $H_1: \pi_1 - \pi_2 < 20\%$

构建的 95% 置信区间为 $[Z_{0.05}, Z_1] = [-1.645, +\infty)$，所以在标准化下小于 -1.645 的区域为拒绝域，大于等于 -1.645 的区域为置信区间。构造 Z 统计量：

$$Z = \frac{(p_1 - p_2) - (\pi_1 - \pi_2)}{\sqrt{\frac{p_1(1-p_1)}{n_1} + \frac{p_2(1-p_2)}{n_2}}} = \frac{(p_1 - p_2) - d_0}{\sqrt{\frac{p_1(1-p_1)}{n_1} + \frac{p_2(1-p_2)}{n_2}}}$$

$$p_1 = \frac{66}{120} = 0.55, \quad p_2 = \frac{32}{120} \approx 0.27, \quad n_1 = n_2 = 120, \quad d_0 = 0.2$$

$$Z = \frac{(p_1 - p_2) - d_0}{\sqrt{\frac{p_1(1-p_1)}{n_1} + \frac{p_2(1-p_2)}{n_2}}} = \frac{(0.55 - 0.27) - 0.2}{\sqrt{\frac{0.55(1-0.55)}{120} + \frac{0.27(1-0.27)}{120}}} \approx 1.31$$

1.31 落入了置信区间，所以无法拒绝原假设：城乡高考一本率之差大于等于 20%。

3. 两个总体方差之比的假设检验

两个总体方差之比的假设检验是对两个总体方差之比进行的假设检验，通常情况下是总体的数量太大无法对总体的方差之比进行统计，或者对两个总体的方差之比有怀疑，需要用假设检验的方法进行验证。两个总体方差之比的假设检验的步骤：

（1）提出两个总体方差之比的假设（原假设，备择假设）。

（2）根据两个总体方差之比的假设构建 F 分布下的两个总体方差之比的置信区间和拒绝域。

（3）计算样本的方差之比，判断样本的方差之比的值是落入置信区间还是拒绝域，落入置信区间无法拒绝原假设，落入拒绝域则拒绝原假设，接受备择假设。

【例题 4-21】 农村外出务工人员中，男性的收入一般较为稳定，女性收入不太稳定。所以有人认为农村女性务工人员的收入方差与男性有差别。为了验证这一说法，调研小组分别对 50 名男性和 38 名女性进行了调研，统计结果显示男性的收入方差为 8987，女性的收入方差为 7424，试以 95% 的置信水平判断男性的收入方差与女性的收入方差是否相等。

解： $H_0: \sigma_1/\sigma_2 = 1$； $H_1: \sigma_1/\sigma_2 \neq 1$

构建的 95% 置信区间为 $[F_{0.025}(49, 37), F_{0.975}(49, 37)] = [0.5494, 1.8687]$，所以在 F 分布下小于 0.5494 和大于 1.8687 的区域为拒绝域，大于等于 0.5494、小于等于 1.8687 的区域为置信区间。构造 F 统计量：

$$F = \frac{s_1^2}{s_2^2} = \frac{8987}{7424} \approx 1.21$$

F 统计量的值为 1.21，落入置信区间，所以无法拒绝原假设：男性的收入方差与女性的收入方差相等。

本题还可以进行左侧检验和右侧检验，请大家自行举一反三。

4.3 分类数据的独立性检验

分类数据是统计中常见的数据形式，是对研究对象进行分类的结果。在统计中我们也会用数字来表示分类数据，不同的数字代表了不同的分类，但是它们之间并没有数量上的大小关系。比如，性别的分类数据中：用0表示女性，用1表示男性；在调查农户的土地流转时：用0表示从不流转，用1表示短期流转，用2表示长期流转；等等。统计分析时要区别分类数据和顺序数据。二者都是离散型分布，但是分类数据只代表分类，没有等级和优劣的划分；顺序数据有等级与优劣的划分。比如在调查乡村旅游游客的满意度时采用李克特5点量表：很不满意（1）、不满意（2）、一般（3）、满意（4）、很满意（5）。这里的1、2、3、4、5就有等级的划分，数值越大说明游客的满意度越高。

4.3.1 分类数据的相关概念

观测值频数、期望值频数、拟合优度检验是本章重要的三个统计概念。下面我们通过一个例子来解释这三个概念。

调研小组对500名农村户籍大学生的就业意愿进行调研时发现，在大一上学期结束时500名大学生中有113名选择了考公务员，387名选择了不考公务员。在大三下学期结束时对这500名农村户籍大学生进行追踪调研时有452名同学接受了调研。统计发现这452名大学生中有363名选择了考公务员，89名选择了不考公务员。

我们把这些大学生分为两类，考公务员的与不考公务员的。在大三下学期结束时考公务员的为363名，不考公务员的为89名。这里的363和89就是观测值频数，观测值频数是我们实实在在观测到的结果。期望值频数是用数学期望的方法计算出来的频数。我们按比例不变的方法计算期望值频数，方法如下：大一上学期结束时考公务员的大学生占比为$\frac{113}{500}=0.226$，不考公务员的大学生占比为$\frac{387}{500}=0.774$。如果考公务员的大学生与不考公务员的大学生所占的比重不变，那么在大三下学期结束时考公务员的大学生为$452\times0.226\approx102$（人），不考公务员的大学生为$452\times0.774\approx350$（人）。这里的102和350就是期望值频数，它不是我们观测到的，是我们通过比重不变计算出来的。

拟合优度检验是用χ^2统计量检验一个分类变量的观测值频数与期望值频数是否有显著的差异。χ^2统计量的构造方法如下：

$$\chi^2 = \sum \frac{(f_o - f_e)^2}{f_e}$$

其中，f_o 表示观测值频数，f_e 表示期望值频数。卡方统计量的自由度由分类数来决定，如果样本被分为两类，那么自由度为 2-1=1，如果被分为 4 类，那么卡方统计量的自由度为 4-1=3。

【例题 4-22】 同前文的例子，试以 99% 的置信水平判断考公务员的意愿与学生在大学学习的时间是否有关。

解： H_0：观测值频数与期望值频数一致。

H_1：观测值频数与期望值频数不一致。

构造置信区间和拒绝域：置信区间为 $[\chi^2_{0.005}(1), \chi^2_{0.995}(1)]$，对应的横坐标为 [0.000039, 7.8794]，所以小于 0.000039 和大于 7.8794 的区域为拒绝域。

计算 χ^2 统计量，见表 4-6。

表 4-6　观测值频数与期望值频数

类型	观测值频数	期望值频数
考公务员的学生	363	102
不考公务员的学生	89	350

$$\chi^2 = \sum \frac{(f_o - f_e)^2}{f_e} = \frac{(363-102)^2}{102} + \frac{(89-350)^2}{350} \approx 862$$

根据卡方统计量的临界值，862 落入了拒绝域。所以拒绝原假设，接受备择假设，认为观测值频数与期望值频数不一致。

4.3.2　卡方统计量检验独立性

拟合优度检验主要在有一个分类变量时使用，当分类变量有两个时，需要检验这两个分类变量是否有关联，此时需要采用独立性检验。独立性检验是以两个分类变量构建交叉表，一个为行变量，另一个为列变量。然后再构造卡方统计量判断两个分类变量是否有关联。

【例题 4-23】 农户在对农村环境卫生治理的满意度上存在一定差异。在对农户的调研中发现可以按照两种分类将调研的 746 名农户进行划分，一种是根据主营农务将农户划分为种植户、养殖户、育林户；另一种是根据农户对农村环境卫生治理的满意程度将农户划分为不满意、一般、满意。农户分类情况见表 4-7。

表 4-7　农户分类情况

农户类型	不满意	一般	满意	合计
种植户	55	306	70	431
养殖户	12	51	212	275
育林户	35	4	1	40
合计	102	361	283	746

表 4-7 中所给的数据为观测值频数,我们需要计算出期望值频数。这里我们需要假设两个分类变量之间相互独立,以方便我们计算期望值频数,当然这个假设也是假设检验的原假设。试以 95% 的置信水平判断农户类型与乡村环境治理之间是否相互独立。

解: H_0:农户类型与乡村环境治理之间是相互独立的。

H_1:农户类型与乡村环境治理之间不是相互独立的。

为了计算出期望值频数,需要算出每个观测值频数所对应的期望概率。对于第一个观测值频数 55,它对应的分类是种植户和不满意。当农户类型与乡村环境治理之间相互独立时,$p(种植户,不满意) = p(种植户) \times p(不满意)$

$$= \frac{431}{746} \times \frac{102}{746} \approx 0.07899503$$

所以对应的期望值频数为 $746 \times 0.07899503 \approx 58.93$。

同理,我们可以计算出所有的期望值频数,见表 4-8。

表 4-8 农户分类的期望值频数

农户类型	不满意	一般	满意
种植户	58.93	208.57	163.5
养殖户	37.6	133.08	104.32
育林户	5.47	19.36	15.17

$$\chi^2 = \sum \frac{(f_o - f_e)^2}{f_e} = \frac{(55-58.93)^2}{58.93} + \frac{(12-37.6)^2}{37.6} + \frac{(35-5.47)^2}{5.47} + \frac{(306-208.57)^2}{208.57} +$$

$$\frac{(51-133.08)^2}{133.08} + \frac{(4-19.36)^2}{19.36} + \frac{(70-163.5)^2}{163.5} + \frac{(212-104.32)^2}{104.32} + \frac{(1-15.17)^2}{15.17}$$

$$= 463.29$$

构造置信区间和拒绝域:χ^2 的自由度 = (行分类数 – 1) × (列分类数 – 1),置信区间为 $[\chi^2_{0.025}(4), \chi^2_{0.975}(4)]$,对应的横坐标为 $[0.4844, 11.1433]$,所以小于 0.4844 和大于 11.1433 的区域为拒绝域。

计算的卡方统计量 463.29 落入拒绝域,所以拒绝原假设,认为农户类型与乡村环境治理之间不是相互独立的。

4.3.3 分类数据列联表的相关系数

两个分类变量间的相关性的定量分析主要采用相关系数的方式,分类变量的相关系数主要有 φ 相关系数、c 相关系数、V 相关系数。

$$\varphi = \sqrt{\chi^2 / n}$$

$$c = \sqrt{\chi^2 / (\chi^2 + n)}$$

$$V = \sqrt{\frac{\chi^2}{n \cdot \min[(R-1),(C-1)]}}$$

V 相关系数中的 R 表示行分类数，C 表示列分类数。

【例题 4-24】农户在对农村环境卫生治理的满意度上存在一定差异。在对农户的调研中发现，可以按照两种分类将调研的 746 名农户进行划分，一种是根据主营农务将农户划分为种植户、养殖户、育林户；另一种是根据农户对农村环境卫生治理的满意程度将农户划分为不满意、一般、满意。农户分类情况见表 4-9。

表 4-9 农户分类情况

农户类型	不满意	一般	满意	合计
种植户	55	306	70	431
养殖户	12	51	212	275
育林户	35	4	1	40
合计	102	361	283	746

计算农户类型与农户满意度之间的相关系数（φ 相关系数、c 相关系数、V 相关系数）。

解：【例题 4-23】中已经计算出了 $\chi^2 = 463.29$，所以

$$\varphi = \sqrt{\chi^2/n} = \sqrt{463.29/746} = 0.788$$

$$c = \sqrt{\chi^2/(\chi^2+n)} = \sqrt{463.29/(463.29+746)} = 0.619$$

$$V = \sqrt{\frac{\chi^2}{n \cdot \min[(R-1),(C-1)]}} = \sqrt{\frac{463.29}{746 \times \min[(3-1),(3-1)]}} = 0.557$$

4.4 方差分析

方差分析是 20 世纪 20 年代由英国统计学家费希尔在实验设计时首次使用，并逐渐发展起来的。方差分析可以比较多个小组的均值是否相等。在上一节中我们学会了通过假设检验两个总体均值之差的方法。当有 6 个总体时，如果我们采用两两对比进行假设检验可能需要进行 15 次假设检验，判断的次数越多犯错误的概率也就越大，但是使用方差分析一次就可以判断出 6 个总体的均值是否相等。

4.4.1 方差分析的相关概念

方差分析是一次检验多个总体的均值是否相等的一种统计方法。方差分析时检验的总体往往是分类变量，每一个分类变量都有相应的数值型观测值。当多个分类变量的均值显著不相等时，

说明分类的不同会使数值型观测值有显著差异。如果将分类视为自变量，数值型观测值视为因变量，那么分类型自变量对数值型因变量就有显著影响。

方差分析研究的分类对象称为因素，因素的集中分类称为处理。每个处理下面均会有相应的数值型因变量。以表4-10来介绍因素和处理的概念。

表4-10　各类型农户对乡村环境治理满意度打分情况

种植户	养殖户	育林户	其他农户
88	95	60	50
84	96	68	56
84	92	66	68
86	94	64	78
80	89	63	74
85	94		

表4-10中的4种农户类型就是因素，种植户、养殖户、育林户、其他是4个处理。每种类型下的数据是观测值。

方差分析中的基本假设：

（1）多个总体中的各个总体都应服从正态分布。

（2）多个总体的方差都要相等。

（3）观测值之间不存在相关性，多个总体的观测值之间相互独立。

方差分析是对数据误差的来源进行分析，数据的误差用平方和的形式表示，反映所有数据误差大小的平方和称为总平方和，记为 SST。表4-10中22个打分数据减去平均数的差值的平方和，就是总平方和 SST。

反映各组之间误差大小的平方和称为组间平方和，记为 SSA。表4-10中的4个组的组平均数与总平均数的差值的平方之和，就是组间平方和。

反映各组组内误差大小的平方和称为组内平方和，记为 SSE。表4-10中的4个组的观测值减去各组平均数的平方之和，就是组内平方和。

总平方和（SST）=组内平方和（SSE）+组间平方和（SSA）

4.4.2　单因素方差分析

单因素方差分析的步骤如下：

1. 提出假设

H_0：$\mu_1 = \mu_2 = \mu_3 = \mu_4 = \cdots = \mu_k$（表示因素对观测值没有显著影响）

H_1：$\mu_1, \mu_2, \mu_3, \mu_4, \cdots, \mu_k$不全相等（表示因素对观测值有显著影响）

如果不能拒绝原假设，表示因素对观测值没有显著影响；如果拒绝原假设，表示因素对观测值有显著影响。

2. 构造 F 统计量

（1）计算各组的均值。

（2）计算全部观测值的均值。

（3）计算各误差平方和（SST、SSA、SSE），实际计算时可以利用 $SST=SSA+SSE$，这样可以少算一种误差平方和。

（4）计算 F 统计量。

3. 做出统计决策

构建 F 统计量的置信区间和拒绝域，根据计算出的 F 统计量落入置信区间还是拒绝域做出是否拒绝原假设的判断。落入置信区间就无法拒绝原假设，认为各组的均值没有显著差距，从而得出分类变量对观测值没有显著影响的结论；落入拒绝域就拒绝原假设，认为各组的均值不完全相等，从而得出分类变量对观测值有显著影响的结论。

4. 制作方差分析表

将之前 3 个步骤的结果呈现在一个表中，表中会列示 SST、SSA、SSE 的结果，以及各自的自由度、均方差、F 统计量及临界值和 P 值。

【例题 4-25】 乡村环境治理是农村社会治理的重要内容，表 4-11 是某地区农户对乡村环境治理满意度的打分情况，假设 4 类农户的总体满意度服从正态分布，各个总体的方差相等，各组的满意度打分之间相互独立，对表 4-11 的数据进行方差分析。

表 4-11 各类型农户对乡村环境治理满意度打分情况

种植户	养殖户	育林户	其他农户
88	95	60	50
84	96	68	56
84	92	66	68
86	94	64	78
80	89	63	74
85	94		

解： 第一步，提出假设：

H_0：$\mu_1 = \mu_2 = \mu_3 = \mu_4$（表示农户类型对乡村环境治理满意度打分没有显著影响）

H_1：$\mu_1, \mu_2, \mu_3, \mu_4$ 不全相等（表示农户类型对乡村环境治理满意度打分有显著影响）

第二步，构造 F 统计量。

（1）计算各组的均值：

种植户的均值 $\overline{x_1} = (88+84+84+86+80+85)/6 = 84.5$

养殖户的均值 $\overline{x_2} = (95+96+92+94+89+94)/6 \approx 93.3$

育林户的均值 $\bar{x}_3 = (60+68+66+64+63)/5 = 64.2$

其他农户的均值 $\bar{x}_4 = (50+56+68+78+74)/5 = 65.2$

（2）计算全部观测值的均值：

$$\bar{\bar{x}} = \frac{1}{22}\sum_{i=1}^{22} x_i = 77.9$$

（3）计算各误差平方和：

$$SST = \sum_{i=1}^{22}(x_i - \bar{\bar{x}})^2 = 4103.82$$

$$SSA = \sum_{i=1}^{4} n_i(\bar{x}_i - \bar{\bar{x}})^2 = 6\times(84.5-77.9)^2 + 6\times(93.3-77.9)^2 + 5\times(64.2-77.9)^2 + 5\times(65.2-77.9)^2 = 3429.22$$

$$SSE = \sum_{i=1}^{6}(x_{i1}-\bar{x}_1)^2 + \sum_{i=1}^{6}(x_{i2}-\bar{x}_2)^2 + \sum_{i=1}^{5}(x_{i3}-\bar{x}_3)^2 + \sum_{i=1}^{5}(x_{i4}-\bar{x}_4)^2 = 674.6$$

（4）计算 F 统计量。

构造 F 统计量需要注意自由度。当数据有 k 组，共 n 个数据时，SST 的自由度为 $n-1$，SSA 的自由度为 $k-1$，SSE 的自由度为 $n-k$。所以 F 统计量可以通过组间误差平方和的均方（用自由度来平均）的比值构建。

$$F = \frac{SSA/(k-1)}{SSE/(n-k)} = \frac{MSA}{MSE} = \frac{3429.22/(4-1)}{674.6/(22-4)} = 30.50003$$

第三步，做出统计决策。

根据原假设，采用双侧检验。95% 的置信区间为 $[F_{0.025}(3,18), F_{0.975}(3,18)]$，对应的横坐标区间为 $[0.07, 3.95]$，小于 0.07 和大于 3.95 为拒绝域。我们计算的统计量为 30.50003，落入了拒绝域，所以拒绝原假设，接受备择假设，即农户类型对乡村环境治理满意度打分有显著的影响。

4.4.3 双因素方差分析

双因素方差分析用于比较两种分类性自变量对数值型观测值的影响。在实际研究中有时会考虑多个因素对数值型观测值的影响，我们可以使用多因素方差分析的方法。由于多因素方差分析的方法与双因素的几乎是相同的，所以本节我们主要介绍双因素方差分析的方法。表 4-12 中，农户对乡村环境治理满意度打分的数据可以从年龄因素和农户类型因素两个方面来分类。农户类型因素下有 4 个处理：种植户、养殖户、育林户、其他农户；年龄因素下有 3 个处理：30 岁以下、30 岁到 60 岁、60 岁以上。在进行方差分析时要考虑两个因素之间有没有交互作用。如果两个因素之间没有交互作用，我们可以直接做两次单因素方差分析，方法与单因素方差分析相同。如果两个因素之间有交互作用，除了要考虑各个单因素对观测值的影响外，还要考虑两个因素的交互项对观测值的影响。

表 4-12　3 个年龄段和 4 种类型农户对乡村环境治理满意度打分情况

行变量		农户类型因素（列变量）			
		种植户	养殖户	育林户	其他农户
年龄因素	30 岁以下	88	95	60	50
	30 岁到 60 岁	84	96	68	56
	60 岁以上	84	92	66	68

1. 无交互作用的双因素方差分析

双因素方差分析的步骤如下：

第一步，提出假设。

先对行因素提出假设：

$H_0: \mu_1 = \mu_2 = \mu_3 = \mu_4 = \cdots = \mu_k$（表示行因素对观测值没有显著影响）

$H_1: \mu_1, \mu_2, \mu_3, \mu_4, \cdots, \mu_k$ 不全相等（表示行因素对观测值有显著影响）

再对列因素提出假设：

$H_0: \mu_1 = \mu_2 = \mu_3 = \mu_4 = \cdots = \mu_r$（表示列因素对观测值没有显著影响）

$H_1: \mu_1, \mu_2, \mu_3, \mu_4, \cdots, \mu_r$ 不全相等（表示列因素对观测值有显著影响）

如果不能拒绝原假设，表示因素对观测值没有显著影响；如果拒绝原假设，表示因素对观测值有显著影响。

第二步，构造 F 统计量。

（1）计算各组的均值。

（2）计算全部观测值的均值。

（3）计算各误差平方和（SST、SSR、SSC、SSE），实际计算时可以利用 $SST=SSR+SSC+SSE$ 关系，这样可以少算一种误差平方和。

（4）计算 F 统计量。

第三步，做出统计决策。

构建 F 统计量的置信区间和拒绝域，根据计算出的 F 统计量落入置信区间还是拒绝域做出是否拒绝原假设的判断。落入置信区间就无法拒绝原假设，认为各组的均值没有显著差距，从而得出分类变量对观测值没有显著影响；落入拒绝域就拒绝原假设，认为各组的均值不完全相等，从而得出分类变量对观测值有显著影响。

第四步，制作方差分析表。

将之前的 3 个步骤的结果呈现在一个表中，表中会列示 SST、SSR、SSC、SSE 的结果，以及各自的自由度、均方、F 统计量及临界值和 P 值。

【例题 4-26】乡村环境治理是农村社会治理的重要内容，表 4-13 是某地区农户对乡村环境治理满意度的打分情况，假设农户类型因素和年龄因素的总体满意度服从正态分布，各个总体的方差相等，各组的满意度打分之间相互独立，对表 4-13 数据进行无交互作用的双因素方差分析。

表 4-13　3 个年龄段和 4 种类型农户对乡村环境治理满意度打分情况

行变量		农户类型因素（列变量）			
		种植户	养殖户	育林户	其他农户
年龄因素	30 岁以下	88	95	60	50
	30 岁到 60 岁	84	96	68	56
	60 岁以上	84	92	66	68

解：

（1）提出假设。

先对年龄因素提出假设：

$H_0: \mu_1 = \mu_2 = \mu_3$（表示年龄对乡村环境治理满意度打分没有显著影响）

$H_1: \mu_1, \mu_2, \mu_3$ 不全相等（表示年龄对乡村环境治理满意度打分有显著影响）

再对农户类型因素提出假设：

$H_0: \mu_1 = \mu_2 = \mu_3 = \mu_4$（表示农户类型对乡村环境治理满意度打分没有显著影响）

$H_1: \mu_1, \mu_2, \mu_3, \mu_4$ 不全相等（表示农户类型对乡村环境治理满意度打分有显著影响）

（2）构造 F 统计量：

$$SST = \sum_{i=1}^{k}\sum_{j=1}^{r}(x_{ij}-\bar{\bar{x}})^2 = \sum_{i=1}^{3}\sum_{j=1}^{4}(x_{ij}-\bar{\bar{x}})^2 = 2846.917$$

$$SSR = \sum_{i=1}^{k}\sum_{j=1}^{r}(\overline{x_{i\bullet}}-\bar{\bar{x}})^2 = \sum_{i=1}^{3}\sum_{j=1}^{4}(\overline{x_{i\bullet}}-\bar{\bar{x}})^2 = 37.16667$$

$$SSC = \sum_{i=1}^{k}\sum_{j=1}^{r}(\overline{x_{\bullet j}}-\bar{\bar{x}})^2 = \sum_{i=1}^{3}\sum_{j=1}^{4}(\overline{x_{\bullet j}}-\bar{\bar{x}})^2 = 2624.917$$

$$SSE = \sum_{i=1}^{k}\sum_{j=1}^{r}(x_{ij}-\overline{x_{i\bullet}}-\overline{x_{\bullet j}}+\bar{\bar{x}})^2 = \sum_{i=1}^{3}\sum_{j=1}^{4}(x_{ij}-\overline{x_{i\bullet}}-\overline{x_{\bullet j}}+\bar{\bar{x}})^2 = 184.8333$$

SST 的自由度为 $n-1$，SSR 的自由度为 $k-1$，SSC 的自由度为 $r-1$，SSE 的自由度为 $(k-1)(r-1)$。所以 F 统计量可以通过组间误差平方和的均方（用自由度来平均）的比值构建。

$$F_R = \frac{MSR}{MSE} = \frac{SSR/(k-1)}{SSE/[(k-1)(r-1)]} \sim F[k-1,(k-1)(r-1)]$$

$$F_R = \frac{MSR}{MSE} = \frac{SSR/(k-1)}{SSE/[(k-1)(r-1)]} = \frac{37.16667/(3-1)}{184.8333/[(3-1)(4-1)]} = 0.603246$$

$$F_C = \frac{MSC}{MSE} = \frac{SSC/(r-1)}{SSE/[(k-1)(r-1)]} \sim F[r-1,(k-1)(r-1)]$$

$$F_C = \frac{MSC}{MSE} = \frac{SSC/(r-1)}{SSE/[(k-1)(r-1)]} = \frac{2624.917/(4-1)}{184.8333/[(3-1)(4-1)]} = 28.40307$$

（3）构造置信区间和拒绝域的方法与单因素相同，大家自行练习。

（4）方差分析表的使用。

将以上结果通过表格反映出来，就是方差分析表，见表 4-14。

表 4-14　方差分析

差异源	SS（误差平方和）	df（自由度）	MS（均方）	F 统计量	P-value	F crit（临界值）
行因素（SSR）	37.16666667	2	18.58333	0.6032462	0.577141	5.14325285
列因素（SSC）	2624.916667	3	874.9722	28.403066	0.0006071	4.757062663
误差（SSE）	184.8333333	6	30.80556			
总计（SST）	2846.916667	11				

从表 4-14 中可以看到每步计算的结果，根据 P 值与 0.05 的大小可以非常方便地判断是接受还是拒绝原假设。从 P 值上看，年龄因素无法拒绝原假设，农户类型因素可以拒绝原假设，说明年龄因素对乡村环境治理满意度打分没有显著影响，但是农户类型对其有显著影响。

2. 有交互作用的双因素方差分析

有交互作用的双因素方差分析，不仅要考虑行因素和列因素对观测值的影响，还要考虑两个因素的交互产生的影响。如表 4-15 所示，两个因素分别为是否加入合作社和年龄，可以产生四种交互组合：（加入合作社，40 岁以下），（加入合作社，40 岁及以上），（没有加入合作社，40 岁以下），（没有加入合作社，40 岁及以上）。如果 4 种组合之间均值显著不相等，说明交互作用是存在的。

表 4-15　不同年龄与是否加入合作社农户对乡村环境治理满意度打分情况

行变量		年龄（列变量）	
		40 岁以下	40 岁及以上
是否加入合作社	加入合作社	77	67
		84	74
		80	70
		82	72
		74	64
		83	73
	没有加入合作社	79	69
		77	67
		82	72
		79	69
		73	63
		81	71

有交互作用的双因素方差分析的计算方法比无交互作用的双因素方差分析复杂。当我们理解了方差分析的基本原理后，在实际使用的过程中可以直接使用统计软件实现。表 4-16 是在 Excel 表格中实现有交互作用的双因素方差分析的步骤。在 Excel 表格中点击［数据］，然后点击［数据分析］，再选［方差分析：可重复双因素分析］。

表 4-16　用 Excel 做双因素方差分析的结果

方差分析：可重复双因素分析						
SUMMARY	40 岁以下	40 岁及以上	总计			
1						
观测数	6	6	12			
求和	480	420	900			
平均	80	70	75			
方差	14.8	14.8	40.72727			
7						
观测数	6	6	12			
求和	471	411	882			
平均	78.5	68.5	73.5			
方差	10.3	10.3	36.63636			
总计						
观测数	12	12				
求和	951	831				
平均	79.25	69.25				
方差	12.02273	12.02273				
方差分析						
差异源	SS	df	MS	F	P-value	F crit
行	13.5	1	13.5	1.075697	0.31204	4.351244
列	600	1	600	47.80876	1.03E-06	4.351244
交互	0	1	0	0	1	4.351244
内部	251	20	12.55			
总计	864.5	23				

从结果可以看出：行效应不显著，列效应显著，交互效应不显著。说明是否加入合作社对乡村环境治理满意度打分没有显著影响，年龄对乡村环境治理满意度打分有显著影响，年龄与是否加入合作社的交互项对乡村环境治理满意度打分没有显著影响。

4.5 思考与练习

一、思考题

1. 简述参数估计中点估计与区间估计的区别与联系。
2. 简述参数估计与假设检验的区别与联系。
3. 简述假设检验中的两类错误的区别与联系，思考为什么我们在做推断时采用第一类错误作为判断的标准，而不是选择第二类错误作为判断的标准。
4. 简述显著性水平与 P 值的区别与联系。有人说："会看 P 值就会推断统计，不懂统计学原理也能做科研。"思考一下这样的说法是否正确。
5. 用卡方统计量检验分类数据独立性的原理是什么？
6. 本章中用实际观测值与理论期望值的差构造卡方统计量，请根据卡方统计量的定义，尝试证明这种做法的合理性。
7. 检验多个总体的均值是否相等时，方差分析的方法为什么比两两对比更好？
8. 方差分析中的基本假定是什么？
9. 在做方差分析前需判断研究的数据是否满足基本假定，我们应该对数据做怎样的检验来判断？
10. 方差分析中交互项的影响如果是显著的，那么交互项是如何发挥作用的？大家可以课后自学一下调节效应，对方差分析中交互项发挥作用的理解对于我们学习调节效应有很大帮助。

二、计算与软件操作题

11. 某地区有大量的青壮年劳动力外出务工，有人估计该地区外出务工人员的平均年收入为 80000 元。为了验证这一说法，对该地区外出务工人员进行随机抽样调查，所调查的 500 人平均年收入为 77280 元。请以 95% 的置信水平判断这一说法是否可信。

12. 某地区有大量的青壮年劳动力外出务工，有人估计该地区男性外出务工人员的平均年收入超过 80000 元。为了验证这一说法，对该地区男性外出务工人员进行随机抽样调查，所调查的 325 人平均年收入为 79820 元。请以 95% 的置信水平判断这一说法是否可信。

13. 在农村地区女性从事较多的家务劳动，有人认为农村地区居住的夫妇中，丈夫承担的家务劳动每周的平均值低于 7 小时。为了验证这一说法，对该地区进行大样本的调查，调查结果显示，该地区丈夫承担的家务劳动每周的平均值为 7.2 小时。请以 5% 的显著性水平判断这一说法是否可信。

14. 某核桃油装瓶机器的设计要求是每瓶装500毫升的油，误差上下不超过5毫升。为了检验该机器的性能是否达标，现在从生产线上随机抽检100瓶，测得样本的方差为26。请以5%的显著性水平判断这一机器的性能是否稳定。

15. 农村地区男女从事家务劳动的时间有较大差距，有人认为某地区夫妻双方中女性从事家务的平均时长比男性每周多15个小时。为了验证这一说法，对该地区120对夫妇进行调查。调查结果显示，该地区女性承担家务劳动每周的平均值为24小时，方差为16；男性承担家务劳动每周的平均值为7.2小时，方差为9。请以5%的显著性水平判断这一说法是否可信。

16. 农村地区男性和女性参与政治活动的意愿存在差异，有人认为某地区有入党意愿的男性占男性总体的比例，比有入党意愿的女性占女性总体的比例高15%。为了验证这一说法，对该地区进行大样本的随机调查。调查结果显示，该地区调查的男性420人中有200人有入党的意愿，女性310人中有130人有入党的意愿。请以5%的显著性水平判断这一说法是否可信。

17. 智能手机在中国农村地区的普及率较高，农户可以用手机获得更多的信息。为了研究不同年龄段的人群使用手机的时间是否相同，对某地区的农户进行调研，调研中将年龄分为20岁以下、20～40岁、41～60岁、60岁以上。平均每天使用手机时间小于1小时的为较少使用，大于等于1小时低于等于3小时的为一般，大于3小时的为经常使用。调查结果见表4-17。

表4-17 不同年龄段的人群使用手机的时间

类型	20岁以下	20～40岁	41～60岁	60岁以上
经常使用	160	200	50	5
一般	40	120	120	40
较少使用	15	10	15	85

（1）提出假设。

（2）计算χ^2值。

（3）以5%的显著性水平进行检验。

（4）计算φ相关系数、c相关系数、V相关系数。

18. 如果研究的关注点是年龄段和使用手机的习惯之间是否有关，请根据17题表4-17中的数据，以5%的显著性水平对手机使用习惯和年龄之间是否相关进行检验。

19. 为了研究不同技能的农村外出务工人员的月平均收入，从满足方差分析假定的总体中选取了以下样本，见表4-18。

表4-18 不同技能的农村外出务工人员的月平均收入　　　　单位：元

普通技能女性	普通技能男性	熟练技能女性	熟练技能男性
5227	5484	6303	7734
5302	5526	7787	7585
5780	5278	7253	7624

续表

普通技能女性	普通技能男性	熟练技能女性	熟练技能男性
5122	6070	7247	6916
5686	6322	6989	6026
5610	5235	7279	6633
5453		7026	6777
5273		6902	6892

检验四种类型的人群月收入的均值是否有显著的差异（以 5% 的显著性水平）。

20．用两种分类方式对 12 名农村外出务工人员的月平均收入进行了划分：一种是按照学历进行分类；另一种是按照性别和熟练度进行分类。

表 4-19　不同技能的农村外出务工人员的月平均收入的两种分类方式对比　　单位：元

学历	普通技能女性	普通技能男性	熟练技能女性	熟练技能男性
初中及以下	5227	5484	6303	7734
高中	5302	5526	7787	7585
高中以上	5780	5278	7253	7624

根据表 4-19 中数据检验不同性别和熟练度、不同的文化程度对外出务工人员的月平均收入是否有显著影响（显著性水平为 5%）。

第 5 章 主成分分析法与因子分析法在农林经济管理中的应用

Chapter Five

统计学中，主成分分析法（Principal Components Analysis，PCA）与因子分析法是两种常见的数据降维方法。因子分析法着重于找到数据中的潜在因子及其权重，从而将原始数据转换为新的变量。这些潜在因子代表原始数据中的不同特征和关系。通过保留它们的最大方差，可以控制数据降维的效果。主成分分析法与因子分析法不同，它通过将原始数据中所有特征按照它们对数据方差贡献的大小进行排序，然后选择前 k 个最大的特征进行降维。这个 k 值可以根据具体的数据特征或统计方法进行选择。在应用 PCA 时，特征在前 k 个分量上的方差之和最大，因此 PCA 可以将数据降维为一个新的变量，其方差接近于零。这两种方法都可以有效地降低原始数据的维度，并可以通过不同的方式来选择保留哪些特征以控制降维效果。需要注意的是，PCA 中计算特征方差的过程可以帮助我们找到数据中的关键特征，而因子分析法中存在的潜在因子可以进一步帮助我们理解数据的结构和关系。因此，这两种方法在实际应用中均具有重要作用。

在农林经济管理学科中，主成分分析法和因子分析法可以用于以下方面：

数据降维和变量筛选： 农林经济管理通常涉及大量的经济、生态和社会数据，主成分分析法和因子分析法可以帮助研究人员对这些数据进行降维和筛选，提取出最具代表性的变量或维度，从而减少数据的复杂性并提高数据分析的效率。

变量相关性分析： 在农林经济管理中，不同变量之间往往存在着复杂的相关关系，主成分分析法和因子分析法可以帮助研究人员揭示变量之间的内在关联结构，从而更好地理解变量之间的相互作用和影响。

构建综合指标： 农林经济管理中常常需要构建综合指标来评价农业和林业生产的效益和可持续性，主成分分析法和因子分析法可以帮助研究人员对多个指标进行综合加权，得出更为客观和全面的评价结果。

研究变量分类和聚类： 主成分分析法和因子分析法可以帮助研究人员对农林经济管理中的变量进行分类和聚类，从而揭示不同变量之间的相似性和差异性，为进一步的研究和决策提供科学依据。

总之，主成分分析法和因子分析法在农林经济管理学科中具有重要的应用意义，可以帮助研究人员更好地理解和利用大量的经济、生态和社会数据，为农林经济管理的决策和实践提供科学支持。

5.1 主成分分析法

5.1.1 主成分分析法概述

PCA即主成分分析技术，又称主分量分析，旨在利用降维的思想，把多个指标转化为少数几个综合指标。在统计学中，主成分分析是一种简化数据集的技术，是一个线性变换。这个变换把数据变换到一个新的坐标系统中，使得任何数据投影的第一大方差在第一个坐标（第一主成分）上，第二大方差在第二个坐标（第二主成分）上，依次类推。主成分分析经常用于减少数据集的维数，同时保持数据集对方差贡献最大的特征。这是通过保留低阶主成分、忽略高阶主成分做到的。低阶成分往往能够保留住数据的最重要方面，当然也要视具体应用而定。

PCA的目标是寻找 r（$r<n$）个新变量，使它们反映事物的主要特征，压缩原有数据矩阵的规模，将特征向量的维数降低，挑选出最少的维数来概括最重要的特征。每个新变量是原有变量的线性组合，体现原有变量的综合效果，具有一定的实际含义。这 r 个新变量称为"主成分"，它们可以在很大程度上反映原来 n 个变量的影响，并且这些新变量是互不相关的，也是正交的。通过主成分分析，可压缩数据空间，将多元数据的特征在低维空间里直观地表示出来。一般来说，利用主成分分析得到的主成分与原始变量之间和不同主成分之间有以下基本关系：

（1）主成分由原始数据的线性组合得到。
（2）主成分的数量必然少于原始数据的线性组合。
（3）原始数据的大部分信息被主成分所保留。
（4）各个主成分之间相互独立。

5.1.2 主成分分析法的特点与步骤

1. 主成分分析法的特点

（1）显著的降维效果：主成分分析法可以将原始数据集的维度降低，从而方便数据的处理。
（2）减少多余的信息：主成分分析法可以从原始数据中提取出主要的特征，减少多余信息的影响。
（3）去噪声：主成分分析法可以通过特征值分解提高数据的准确性和可靠性。
（4）提高效率：通过对协方差矩阵进行特征值分解，可以将大规模数据计算转化为少量特征向量的计算，从而提高效率。

2. 主成分分析法的步骤

（1）根据研究的问题选择原始变量。

（2）根据原始变量选择合适的方法求主成分。

（3）求特征根与相应的标准特征向量。

（4）判断是否存在显著的多重共线性。

（5）选取主成分。

（6）结合主成分对问题进行深入研究与分析。

5.2 主成分分析法在农林经济管理中的应用

5.2.1 主成分分析法在农林经济管理中的应用方向

主成分分析法的适用范围非常广泛，以下领域都可以用到主成分分析法：

经济学：主成分分析法可以用于研究经济数据中的趋势和相关性，例如GDP、通货膨胀率和就业率等。

社会学：主成分分析法可以用于研究社会现象之间的关系，例如人口普查数据、社会经济地位和健康状况等。

地理学：主成分分析法在研究地理数据中的空间分布和相关性方面有着广泛的应用，例如气候数据、地形数据和土地利用数据等。

主成分分析法在农林经济管理的多个方面都有应用，下面列举几个主要方面的应用：

（1）降低数据的维度：PCA可以将高维度的数据降低成低维度的数据，从而减少数据量，便于更好地进行分析和可视化，可用于农业经济学的农业生产效率分析、农产品市场需求分析等领域。

（2）特征提取：PCA可以将多维数据分解为少维数据，并提取出最能反映数据特征的主成分，这些主成分可以用于模型建立和数据分析，可用于农业经济学中的消费者行为分析、农产品价格预测模型建立等领域。

（3）图像处理：PCA可以用于图像处理，如图像压缩、降噪等，通过对图像进行PCA降低数据的维度，可以使得图像更易于处理和分析，可用于农业管理学中的农业影像分析、农业环境监测等领域。

（4）聚类分析：PCA可以用于聚类分析，通过对数据进行PCA降低数据的维度，可以使得数据更易于聚类，并提高聚类的准确率和稳定性，可用于农业经济学中的农产品质量分析、农产品市场竞争力分析等领域。

（5）市场研究：PCA可以用于市场研究，如农产品市场需求分析、农业产品价格研究等领域，通过对数据进行 PCA 降低数据的维度，可以使得数据更易于分析和研究，并提高分析的准确率和可靠性。

主成分分析法在农林经济管理学中的应用非常广泛，可以用于很多领域，除了以上的 5 个方面外，还可以有其他方面的应用，如农产品质量预测、农业产业结构分析等。

5.2.2 主成分分析法在农林经济管理中的应用案例

表 5-1 中给出了我国某省份近年来主要农产品产量指标，采用主成分分析法对这些指标提取主成分并写出这些主成分的表达式。

表 5-1 主要农产品产量指标

年份	糖料	茶叶	水果	猪肉	禽蛋	水产	麻类	棉花
2016	1248	216.7	119	345	71.2	38	15	7
2017	1259	219.1	126	347	73.6	40	16	9
2018	1267	215.8	130	350	32.7	44	18	10
2019	1276	219.6	130	353	35.8	47	18	11
2020	1284	230.8	131	355	41.8	50	19	11
2021	1292	231.8	142	356	41.7	53	21	13

在使用 STATA 对数据进行分析之前，我们要把数据导入 STATA 中。本例中共有 9 个变量，分别是年份、糖料、茶叶、水果、猪肉、禽蛋、水产、麻类、棉花。把这些变量分别定义成 $V1$、$V2$、$V3$、$V4$、$V5$、$V6$、$V7$、$V8$、$V9$。变量类型跟长度采取系统默认方式，录入相关数据。

然后开始进行分析，操作步骤如下：

- correlate V2-V9：本命令是对变量 $V2$ 至 $V9$ 进行相关性分析。

```
. correlate V2-V9
(obs=6)

             V2       V3       V4       V5       V6       V7       V8       V9

      V2   1.0000
      V3   0.8450   1.0000
      V4   0.9331   0.7251   1.0000
      V5   0.9911   0.8182   0.8890   1.0000
      V6   0.9305   0.9020   0.9132   0.9001   1.0000
      V7   0.9943   0.8485   0.9209   0.9917   0.9453   1.0000
      V8   0.9720   0.7910   0.9685   0.9513   0.9399   0.9761   1.0000
      V9   0.9754   0.7470   0.9792   0.9516   0.9015   0.9597   0.9705   1.0000

.
end of do-file

.
```

图 5-1 分析结果（一）

图 5-1 就是相关性分析的结果，图 5-1 中数据展示的是参与主成分分析的所有变量之间的方差—协方差矩阵，可以发现，本例中的很多变量之间的相关性很强，大多数超过了 90%，这说明变量之间存在着相当多的信息重叠，所以说本例是非常适合进行主成分分析的。

- pca V2-V9：本命令是对变量 $V2$ 至 $V9$ 进行主成分分析。

```
. pca V2-V9

Principal components/correlation          Number of obs     =        6
                                          Number of comp.   =        5
                                          Trace             =        8
    Rotation: (unrotated = principal)     Rho               =   1.0000

    Component   |   Eigenvalue   Difference    Proportion   Cumulative
    ------------+------------------------------------------------------
       Comp1    |     7.41992     7.04683        0.9275       0.9275
       Comp2    |      .373088     .227912       0.0466       0.9741
       Comp3    |      .145176     .102223       0.0181       0.9923
       Comp4    |     .0429529    .0240848       0.0054       0.9976
       Comp5    |     .0188681    .0188681       0.0024       1.0000
       Comp6    |            0           0       0.0000       1.0000
       Comp7    |            0           0       0.0000       1.0000
       Comp8    |            0           .       0.0000       1.0000
```

图 5-2　分析结果（二）

图 5-2 展示的是主成分分析的结果，最左边一列表示的是系统所提取的主成分的名称，可以看到，系统一共提取了 8 个主成分。第二列（Eigenvalue）表示的是系统提取的主成分特征值，特征值的大小表示此主成分的解释能力，特征值越大表明解释能力越强，系统提取的主成分只有前五个是有效的，因为后面的特征值为 0。第四列（Proportion）表示的是系统提取的主成分的方差贡献率，功能跟特征值相同，第一个主成分的方差贡献率为 0.9275，表示此主成分解释了所有变量 92.75% 的信息。最后一列（Cumulative）表示累计方差贡献率，第一个主成分和前两个主成分的累计方差贡献率分别为 0.9275 和 0.9741，以此类推。

```
Principal components (eigenvectors)

    Variable  |   Comp1     Comp2     Comp3     Comp4     Comp5  |  Unexplained
    ----------+---------------------------------------------------+-------------
        V2    |   0.3645   -0.0420   -0.2842    0.1970   -0.0161  |      0
        V3    |   0.3171    0.8112    0.0753    0.3960    0.2337  |      0
        V4    |   0.3499   -0.3604    0.5201    0.2908    0.0610  |      0
        V5    |   0.3576   -0.0464   -0.5845   -0.1073   -0.1602  |      0
        V6    |   0.3540    0.2487    0.4572   -0.5172   -0.5254  |      0
        V7    |   0.3643   -0.0004   -0.2803   -0.3039   -0.0343  |      0
        V8    |   0.3613   -0.1890    0.1167   -0.3664    0.7452  |      0
        V9    |   0.3574   -0.3325    0.0134    0.4628   -0.2883  |      0

.
end of do-file
```

图 5-3　分析结果（三）

图 5-3 展示的是主成分特征向量矩阵，表明各个主成分在各个变量上的载荷，从而可以得出每个主成分的表达式，例如：

*Comp*1=0.3645 糖料 +0.3171 茶叶 +0.3499 水果 +0.3576 猪肉 +0.3540 禽蛋 +0.3643 水产 +0.3613 麻类 +0.3574 棉花

*Comp*2=–0.042 糖料 +0.8112 茶叶 –0.3604 水果 –0.0464 猪肉 +0.2487 禽蛋 –0.0004 水产 –0.1890 麻类 –0.3325 棉花

在第一主成分中，所有的变量的系数相差不大，但在第二主成分中，茶叶变量（$V3$）系数比较大，所以可以将其看成茶叶的综合指标。

5.2.3 对案例的进一步分析

在上述例子中，系统一共提取了 5 个有效主成分，其中特征值大于 1 的只有一个，而且方差贡献率高达 0.9275，基本上可以满足主成分分析的需求。我们应该怎样只保留特征值大于 1 的主成分呢？

此处只需将操作指令进行相应的变动即可：

pca V2–V9, mineigen（1）

图 5-4 展示的是只保留了特征值大于 1 的主成分的结果，因为特征值大于 1 的主成分只有一个，所以只保留了一个。图 5-4 中最后一列（Unexplained）表示未被系统提取的主成分解释的信息比例，这种情况下的信息丢失是舍弃其他主成分必然出现的结果。

```
Principal components (eigenvectors)
```

Variable	Comp1	Unexplained
V2	0.3645	.01405
V3	0.3171	.2541
V4	0.3499	.09143
V5	0.3576	.05137
V6	0.3540	.07013
V7	0.3643	.0154
V8	0.3613	.03155
V9	0.3574	.05205

```
. end of do-file
```

图 5-4　分析结果（四）

有些时候，主成分分析会受到条件的限制，只能挑选出固定数目的主成分，那我们应该怎样限制提取的主成分的数目呢？我们以提取一个主成分为例，操作如下：

pca V2–V9, component（1）

```
Principal components (eigenvectors)

   Variable    Comp1     Unexplained

      V2      0.3645       .01405
      V3      0.3171       .2541
      V4      0.3499       .09143
      V5      0.3576       .05137
      V6      0.3540       .07013
      V7      0.3643       .0154
      V8      0.3613       .03155
      V9      0.3574       .05205

.
end of do-file
```

图 5-5　分析结果（五）

图 5-5 展示的是只限定一个主成分的分析结果，最后一列（Unexplained）同样表示未被系统提取的主成分所解释的信息比例，这种信息丢失是舍弃其他主成分必然的结果。

5.3　因子分析法

5.3.1　因子分析法的概述

因子分析法是一种多元统计方法，其主要目的是简化和分析高维度数据，找出隐藏在观测变量中的更基本的隐性变量。它可以从一组相关的变量中提取出少数几个代表性的因子，从而达到对数据进行降维和简化的目的。因子分析法可以用于探索潜在的数据结构，检验变量之间的关系，或者构建测量工具等。

因子分析法的起源可以追溯到 20 世纪初，当时英国心理学家 C.E. 斯皮尔曼（Spearman）提出了一个智力因子的概念，认为学生的各科成绩之间存在着一定的相关性，反映了他们的一般智力水平。斯皮尔曼的工作引起了其他心理学家和统计学家的兴趣，他们不断地发展和完善了因子分析的理论和方法，将其应用于心理测量、教育、社会科学等领域。

5.3.2　因子分析法的应用

认识、理解一个事物或者某种现象时，往往会通过多个维度的指标对其进行评估测量，比如要了解某地区的农村发展情况，可通过农村人均可支配收入、人均纯收入、农村卫生机构数量、农村基础设施完善情况、教育水平等指标进行衡量。从这些指标中，我们可以更深入地了解分析对象，获取丰富的信息，但当维度或指标过多时，数据的采集和分析就会变得困难，比如有些心理学、社会学的测量，动不动就是几十个指标，信息收集起来相当耗时耗力，回归分析、相关分析也不好做；而且，众多指标之间可能存在相关性，测量的数据也因此会有部分信息的重复，从而增加问题分析的复杂性。这时候，为了降低数据采集和分析难度，也让测量维度更加严谨合理，我们就需要使用到因子分析法，对指标进行降维。

因子分析法在现实生活中应用十分广泛，本书主要研究其在农林经济管理方面的应用，例如：

（1）因子分析法可以用于评价农业生产效率，通过选择合适的指标，如农业总产值、农业劳动力人数、农业机械化程度、农业科技投入等，对不同地区或不同时间段的农业生产效率进行比较和评价，找出影响农业生产效率的主要因素，为提高农业生产效率提供依据。

（2）因子分析法可以用于评价农村经济发展水平，通过选择合适的指标，如农民人均纯收入、农村居民消费水平、农村基础设施建设、农村公共服务等，对不同地区或不同时间段的农村经济发展水平进行比较和评价，找出影响农村经济发展水平的主要因素，为促进农村经济发展提供依据。

（3）因子分析法可以用于评价林业资源利用情况，通过选择合适的指标，如林地面积、林木蓄积量、林木年增长量、林木采伐量、林产品加工量等，对不同地区或不同时间段的林业资源利用情况进行比较和评价，找出影响林业资源利用情况的主要因素，为合理利用林业资源提供依据。

（4）因子分析法可以用于评价林业生态效益，通过选择合适的指标，如森林覆盖率、森林碳汇量、森林防护功能、森林生物多样性等，对不同地区或不同时间段的林业生态效益进行比较和评价，找出影响林业生态效益的主要因素，为提高林业生态效益提供依据。

总之，因子分析法的基本思想是降维，即将错综复杂的众多变量聚合成少数几个独立的公共因子，这几个公共因子可以反映原来众多变量的主要信息，在减少变量个数的同时，又反映了变量之间的内在联系。

5.4 因子分析法的步骤

5.4.1 因子分析法的基本思想

因子分析法的基本思想是根据相关性大小对原始变量进行分组，使得同组的变量之间相关性较高，而不同组的变量之间相关性较低。每组变量代表一个基本结构，并用一个不可观测的综合变量表示，这个基本结构就称为公因子。这些公因子可以反映原始变量中的主要信息，同时反映变量之间的内在联系。

因子分析法有两种主要类型：探索性因子分析和验证性因子分析。探索性因子分析是在没有预先假设因子结构的情况下,探索观测数据的基本结构,并用少数几个假想变量(因子)来表示原始数据。验证性因子分析是在有相应的理论基础和因子结构假设的情况下,检验因子结构假设的合理性,并描述观察变量与潜在因子之间的关系。

5.4.2 计算的主要步骤与过程

因子分析主要分为四步:第一步,要确认待分析的原变量是否适合作因子分析;第二步,构造因子变量;第三步,利用旋转方法使因子变量更具有可解释性;第四步,计算因子变量得分。

先介绍一下因子分析的数学模型。

因子模型(正交因子模型):

$$\begin{cases} X_1 = a_{11}F_1 + a_{12}F_2 + \cdots + a_{1m}F_m + \varepsilon_1 \\ X_2 = a_{21}F_1 + a_{22}F_2 + \cdots + a_{2m}F_m + \varepsilon_2 \\ \quad\quad\quad\quad\quad\quad\vdots \\ X_p = a_{p1}F_1 + a_{p2}F_2 + \cdots + a_{pm}F_m + \varepsilon_p \end{cases}$$

用矩阵表示:

$$\begin{bmatrix} X_1 \\ X_2 \\ \vdots \\ X_p \end{bmatrix} = \begin{bmatrix} a_{11} & a_{12} & \cdots & a_{1m} \\ a_{21} & a_{22} & \cdots & a_{2m} \\ \vdots & \vdots & \ddots & \vdots \\ a_{p1} & a_{p2} & \cdots & a_{pm} \end{bmatrix} \begin{bmatrix} F_1 \\ F_2 \\ \vdots \\ F_m \end{bmatrix} + \begin{bmatrix} \varepsilon_1 \\ \varepsilon_2 \\ \vdots \\ \varepsilon_p \end{bmatrix}$$

简记为:

$$X_{P \times 1} = A_{p \times m} F_{m \times 1} + \varepsilon_{p \times 1} \text{ 或 } X_i = \sum_{j=1}^{m} A_{ij} F_j + \varepsilon_i \ (i=1, 2, \cdots, p)$$

1. 确定待分析的原有若干变量是否适合进行因子分析

因子分析是从众多的原始变量中重构少数几个具有代表意义的因子变量的过程。其潜在的要求:原有变量之间要具有比较强的相关性。因此,因子分析需要先进行相关性分析,计算原始变量之间的相关系数矩阵。进行原始变量的相关分析之前,需要对输入的原始数据进行标准化计算。

相关系数的值介于 -1 与 1 之间,即 $-1 \leqslant r \leqslant 1$。

其性质如下:

当 $r>0$ 时,表示两变量正相关;$r<0$ 时,表示两变量负相关。

当 $r=1$ 时,表示两变量为完全线性相关,即为函数关系。

当 $r=0$ 时,表示两变量间无线性相关关系。

当 $0<|r|<1$ 时,表示两变量存在一定程度的线性相关,且 r 越接近 1,两变量间线性关系越强;r 越接近 0,表示两变量的线性关系越弱。

一般可按三级划分:$|r|<0.4$ 为低度线性相关;$0.4 \leqslant |r| < 0.7$ 为显著性相关;$0.7 \leqslant |r| < 1$ 为高度线性相关。

2. 构造因子变量

因子分析中有很多确定因子变量的方法,如基于主成分模型的主成分分析法和基于因子分析模型的主轴因子法、极大似然法、最小二乘法等,前者应用最为广泛。

主成分分析法:该方法通过坐标变换,将原始变量做线性变化,转换为另一组不相关的变量(主成分)。求相关系数矩阵 R 的特征根 λ_i($\lambda_1 > \lambda_2 > \cdots > \lambda_p > 0$)和相应的标准正交的特征向量 l_i;根据相关系数矩阵的特征根,即公共因子 F_i 的方差贡献(等于因子载荷矩阵 A 中第 i 列各元素的平方和),计算公共因子 F_i 的方差贡献率与累计方差贡献率。公式如下:

$$\text{方差贡献率} = \frac{\lambda_i}{\sum_{k=1}^{p} \lambda_k} \quad (i = 1, 2, \cdots, p)$$

$$\text{累计方差贡献率} = \frac{\sum_{k=1}^{i} \lambda_k}{\sum_{k=1}^{p} \lambda_k} \quad (i = 1, 2, \cdots, p)$$

公共因子个数的确定准则:根据因子的累计方差贡献率来确定,一般取累计方差贡献率大于85%的特征值所对应的第一、第二……第 m ($m \leqslant p$) 个主成分。

3. 因子变量的命名解释

因子载荷矩阵 A:

$$a_{ij} = \sqrt{\lambda_i} l_{ij} (i, j = 1, 2, \cdots, p)$$

$$A = \begin{bmatrix} a_{11} & a_{12} & \cdots & a_{1m} \\ a_{21} & a_{22} & \cdots & a_{2m} \\ \vdots & \vdots & \ddots & \vdots \\ a_{p1} & a_{p2} & \cdots & a_{pm} \end{bmatrix} = \begin{bmatrix} \sqrt{\lambda_1} l_{11} & \sqrt{\lambda_2} l_{12} & \cdots & \sqrt{\lambda_m} l_{1m} \\ \sqrt{\lambda_1} l_{21} & \sqrt{\lambda_2} l_{22} & \cdots & \sqrt{\lambda_m} l_{2m} \\ \vdots & \vdots & \ddots & \vdots \\ \sqrt{\lambda_1} l_{p1} & \sqrt{\lambda_2} l_{p2} & \cdots & \sqrt{\lambda_m} l_{pm} \end{bmatrix}$$

因子变量的命名解释是因子分析的另一个核心问题,在实际的应用分析中,主要通过对因子载荷矩阵进行分析,得到因子变量和原有变量之间的关系,从而对新的因子变量进行命名。

有时因子载荷矩阵的解释性不太好,通常需要进行因子旋转,使原有因子变量更具有可解释性。因子旋转的主要方法:正交旋转、斜交旋转。方差最大正交旋转最为常用,基本思想是使公共因子相对负荷的方差之和最大,且保持原公共因子的正交性和公共方差总和不变,可使每个因子上的具有最大载荷的变量数最小,因此可以简化对因子的解释。

4. 计算因子变量得分

因子变量确定以后,对于每一个样本数据,我们希望得到它们在不同因子上的具体数据值,即因子得分。估计因子得分的方法主要有回归法、Bartlett 法等。计算因子得分应首先将因子变量表示为原始变量的线性组合,即:

$$\begin{cases} F_1 = a_{11} X_1 + a_{12} X_2 + \cdots + a_{1p} X_p \\ F_2 = a_{21} X_1 + a_{22} X_2 + \cdots + a_{2p} X_p \\ \quad \vdots \\ F_m = a_{m1} X_1 + a_{m2} X_2 + \cdots + a_{mp} X_p \end{cases}$$

回归法：因子得分是基于贝叶斯（Bayes）方法推导得出，虽然这样得出的因子得分是有偏的，但计算结果误差较小。贝叶斯（Bayes）方法是根据先验概率求出后验概率，并依据后验概率分布做出统计推断。

Bartlett 法：Bartlett 因子得分是通过加权最小二乘法回归得到，虽然这样得到的因子得分是无偏的，但计算结果误差较大。

在实际应用中两种方法都可以使用，回归法的计算结果误差较小，所以应用相对广泛。

因子得分详细的计算过程如下：

（1）将原始数据标准化，以消除变量间在数量级和量纲上的不同。

$$X_i = \frac{X_i - E(X_i)}{\sqrt{Var(X_i)}}$$

（2）求标准化数据的相关矩阵。

（3）求相关矩阵的特征值和特征向量。

（4）计算方差贡献率与累计方差贡献率。

（5）确定因子：设 F_1，F_2，F_3，…，F_p 为 P 个因子，其中前 m 个因子包含的数据信息总量（即其累计方差贡献率）不低于 80% 时，可取前 m 个因子来反映原评价指标。

（6）因子旋转：若所得的 m 个因子无法确定或其实际意义不是很明显，需将因子进行旋转以获得较为明显的实际意义。

（7）用原指标的线性组合来求得各因子得分，采用回归估计法、Bartlett 估计法计算。

（8）综合得分：以各因子的方差贡献率为权重，由各因子的线性组合得到综合评价指标函数：

$$F = \frac{\gamma_1 F_1 + \gamma_2 F_2 + \cdots + \gamma_m F_m}{\gamma_1 + \gamma_1 + \cdots + \gamma_m} = \sum_{i=1}^{m} \omega_i F_i$$

其中，ω_i 为旋转前或旋转后因子的方差贡献率。

（9）得分排序：利用综合得分分析得到得分名次。

5.4.3 因子分析法在农林经济管理中的应用案例

1. 基本操作

SPSS 是一种常用的统计软件，它可以方便地进行因子分析，并提供多种选项和输出结果。本章采用 SPSS 做因子分析，操作步骤如下：

（1）准备好要分析的变量，它们应该是连续的或者近似连续的，并且有足够的样本量。一般来说，每个变量至少需要 5 个观测值，而且总的观测值应该大于变量数的 5 倍。

（2）在 SPSS 中选择［分析］—［降维］—［因子］，将要分析的变量拖入变量框中，同时也可以选择一些筛选条件，比如只对满足某些条件的个案做因子分析。

（3）点击［描述］，勾选［初始解］和［KMO 和巴特利特球形度检验］。这两个选项可以帮助检查数据是否适合做因子分析。KMO 是一个介于 0 和 1 之间的指标，它反映了变量之间的共同度。当 0.9 < KMO < 1 时，表明数据非常适合做因子分析，当 0.8 < KMO < 0.9 时，表示适合，当 0.7 < KMO < 0.8 时，表示一般，但通常 KMO 值大于 0.6 就可以认为数据适合做因子分析。巴特利特球形度检验是一个检验变量之间是否存在相关性的假设检验方法。如果 P 值小于 0.05，就可以拒绝原假设，认为数据不是随机无关的，适合做因子分析。

（4）点击［提取］，选择要用的因子抽取方法和因子数目。常用的因子抽取方法有主成分法和主因子法等。主成分法是一种无模型的方法，它只是根据变量之间的相关性来提取最大方差的线性组合作为因子。主因子法是一种有模型的方法，它假设每个变量由公共因子和特殊因子两部分组成，并且公共因子之间不相关，特殊因子之间也不相关。主成分法和主因子法在数据满足多元正态分布时会得到相似的结果，但在数据不满足多元正态分布时可能会有较大差异。至于因子数目的确定，有多种方法可以参考，比如基于特征值大于 1 的准则、基于碎石图（scree plot）找拐点的准则，或者基于理论或实际意义来确定。

（5）点击［旋转］，选择要用的因子旋转方法和输出结果。因子旋转是一种对因子进行重新排列和组合的方法，目的是使得每个变量只在少数几个因子上有较高的载荷（相关系数），而在其他因子上有较低或接近零的载荷。这样可以使得因子更容易解释和理解。常用的因子旋转方法有正交旋转和斜交旋转两种。正交旋转是指旋转后的因子之间仍然不相关，比如最大方差法（varimax）和最小方差法（quartimax）等。斜交旋转是指旋转后的因子之间允许存在一定的相关性，比如直接斜交法（direct oblimin）和直接四次法（direct quartimin）等。一般来说，如果你认为因子之间应该是独立的，就可以选择正交旋转；如果你认为因子之间可能有一定的关联，就可以选择斜交旋转。输出结果时，你可以勾选［旋转后的解］和［载荷图］，这样可以看到旋转后的因子载荷矩阵和图形表示。

（6）点击［得分］，选择是否要保存因子得分和因子得分系数矩阵。因子得分是指每个个案在每个因子上的得分，它反映了个案在不同因子上的表现。因子得分系数矩阵是指计算因子得分所用的系数矩阵，它是根据因子载荷矩阵和数据的方差—协方差矩阵来估计的。如果需要计算因子得分，你可以勾选［保存为变量］，这样运行后因子得分会保存在数据中。如果需要查看因子得分系数矩阵，你可以勾选［显示因子得分系数矩阵］，这样运行后会输出一个表格。

（7）可以点击［选项］，选择是否要禁止显示小系数和排序变量。禁止显示小系数是指在输出结果中不显示绝对值小于某个阈值的因子载荷，这样可以使得结果更加清晰和简洁。排序变量是指按照每个变量在每个因子上的载荷大小来排序，这样可以使得结果更加有序和方便比较。

2. 因子分析法在农林经济管理中的应用案例

利用 SPSS27 统计软件，对影响农村经济发展的各种因素的统计数据进行归纳整理，建立评价指标体系，根据因子分析原理，客观分析影响农村经济发展的因素，对其发展水平做出综合评价。

（1）第一步：数据输入，如图 5-6 所示。

	省份	农村人口	农业产值	农村贫困率	农村教育水平	农产品流通与贸易	农业技术进步	农业生态效益	农民组织参与度	农业政策支持度	农业国际竞争力
1	北京	.8	12.6	.1	85.6	8.4	5.2	2.5	65.4	82.3	78.6
2	天津	1.2	15.4	.2	82.3	10.2	4.8	3.1	62.7	80.1	76.4
3	河北	37.4	268.9	2.7	76.4	179.3	3.6	58.3	58.3	75.6	72.0
4	山西	23.6	145.3	3.5	74.2	96.8	3.2	29.1	55.6	73.4	70.0
5	内蒙古	11.9	98.7	1.9	78.9	65.8	4.0	19.7	60.3	77.1	73.8
6	辽宁	16.8	189.6	1.2	80.7	126.4	4.2	37.9	61.2	78.3	74.6
7	吉林	11.7	112.4	1.6	79.5	74.9	3.9	22.5	59.8	76.9	73.2
8	黑龙江	15.4	156.8	1.8	81.3	104.5	4.0	20.3	60.1	80.1	71.0
9	上海	.9	18.7	.1	86.4	12.4	5.4	3.7	67.8	83.9	80.2
10	浙江	17.8	378.4	.4	84.7	252.2	4.7	75.7	66.1	82.4	79.3
11	安徽	36.9	247.6	2.3	77.1	164.8	3.5	49.5	57.4	78.4	71.5

图 5-6　第一步：数据输入

（2）第二步：分析—降维—因子（F），如图 5-7 所示。

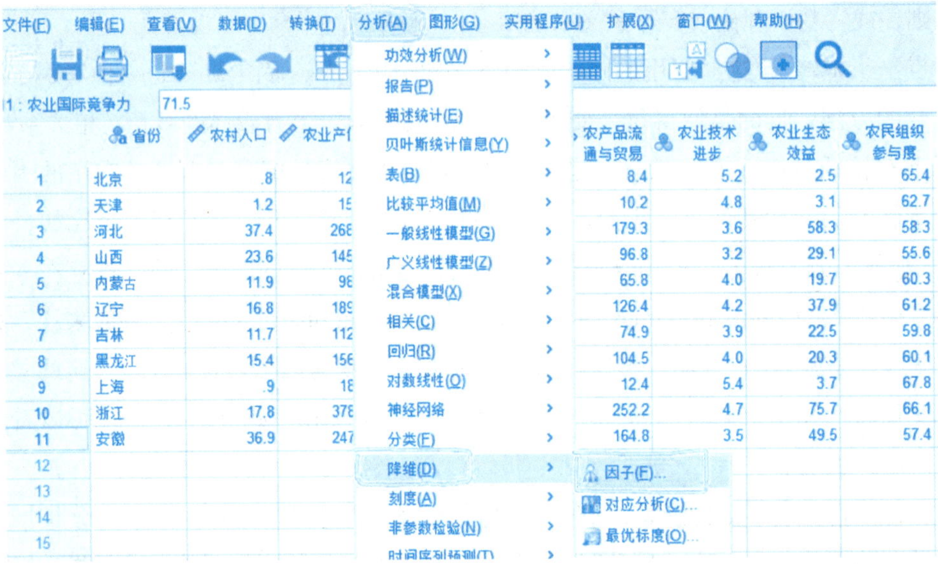

图 5-7　第二步：分析操作

（3）第三步：得出图 5-8 后，将除省份以外的其他数据选入变量。

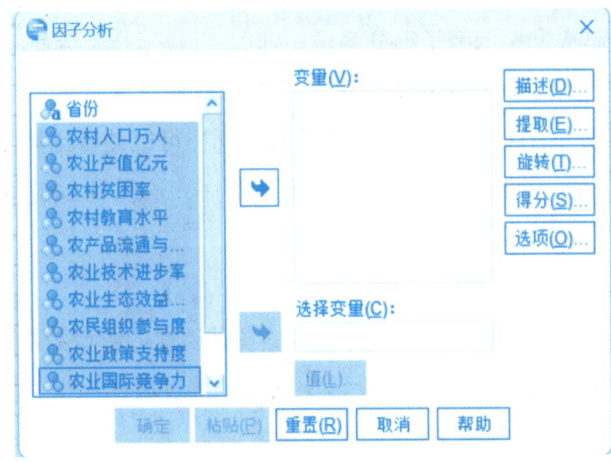

图 5-8　第三步：选入变量

（4）第四步：依次点击描述、提取、旋转、得分、选项，并按图 5-9 至图 5-13 所示勾选。

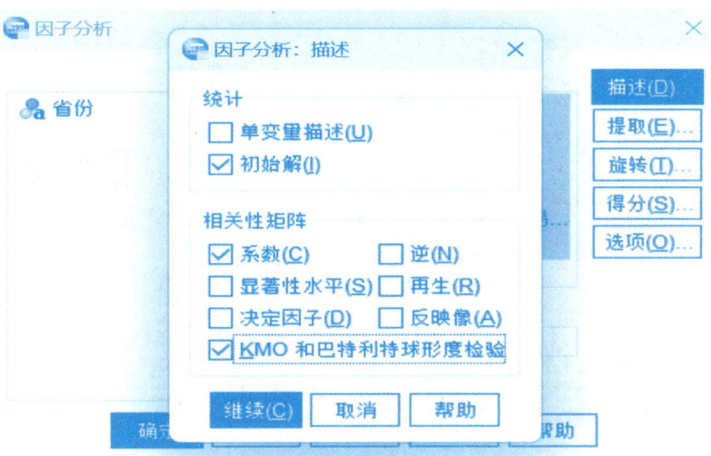

图 5-9　第四步：描述勾选

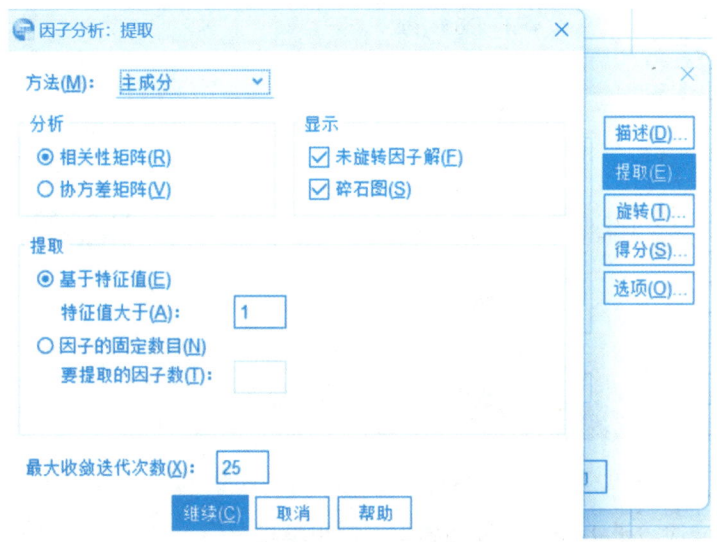

图 5-10　第四步：提取勾选

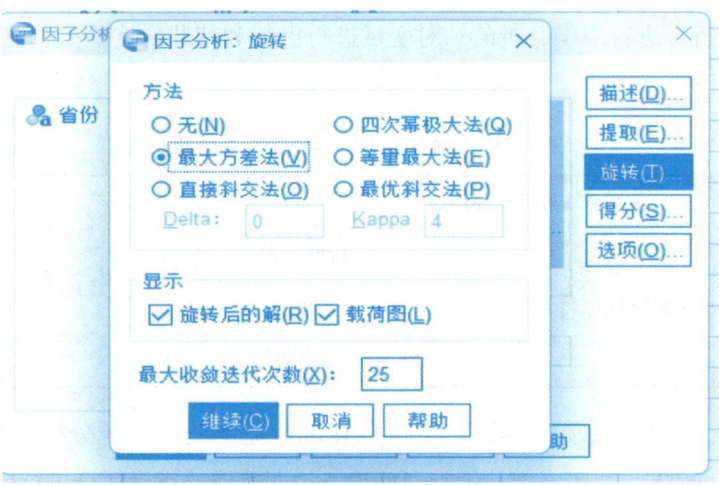

图 5-11　第四步：旋转勾选

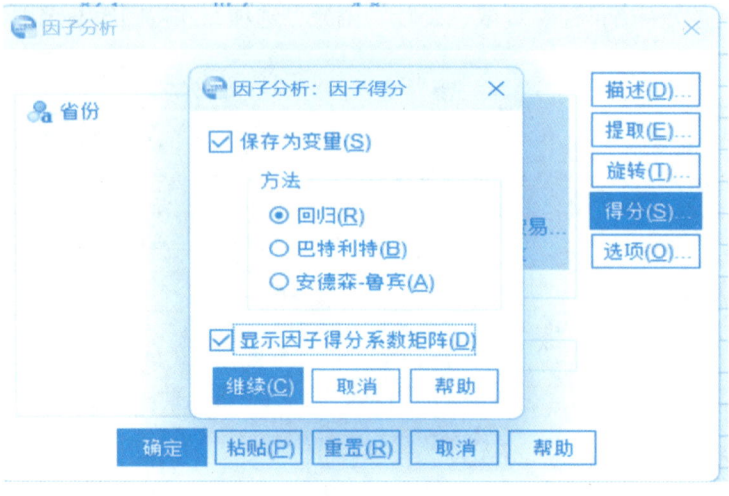

图 5-12　第四步：得分勾选

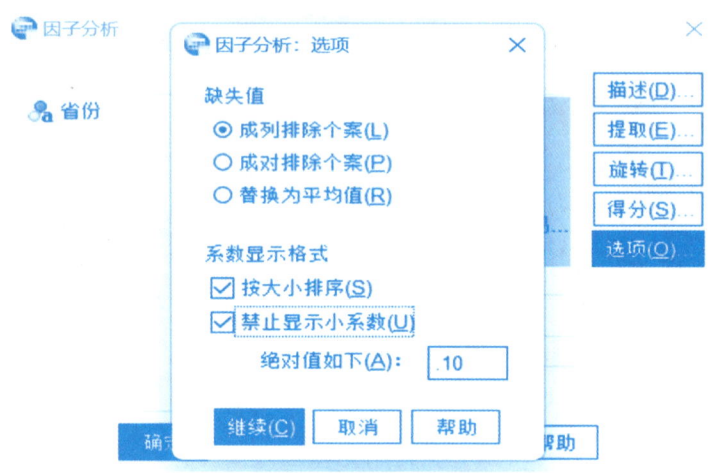

图 5-13　第四步：选项勾选

（5）第五步：完成以上步骤后，点击确定，得出结果。

3. 结果分析

（1）适应性分析。进行因子分析前，对变量进行巴特利特球形度检验，判断 Sig. 值与 KMO 值，结果如表 5-2 所示。

表 5-2　KMO 和巴特利特球形度检验

KMO 取样适切性量数		0.624
巴特利特球形度检验	近似卡方	270.051
	自由度	45
	显著性	0.000

由表 5-2 可知，KMO 值为 0.624，大于临界值 0.6，适宜进行因子分析；巴特利特球形度检验结果显示，P 值为 0.000，小于 0.05，拒绝原假设，说明选取的指标适合进行因子分析（原假设：相关系数矩阵与原单矩阵无显著差异，原有变量不适合做因子分析）。

（2）公因子提取。运用 SPSS 软件，得出各因子的特征值和方差贡献率。

表 5-3 公因子方差

	初始	提取
农村人口	1.000	0.903
农业产值	1.000	0.991
农村贫困率	1.000	0.948
农村教育水平	1.000	0.977
农产品流通与贸易	1.000	0.991
农业技术进步	1.000	0.987
农业生态效益	1.000	0.988
农民组织参与度	1.000	0.981
农业政策支持度	1.000	0.900
农业国际竞争力	1.000	0.923

注：提取方法为主成分分析法。

由表 5-3 可知，从农村人口到农业国际竞争力等变量的绝大部分信息（大于 85%）可被因子解释，由第二列可知，此时所有变量的共同度均较高，各个变量的信息丢失都较少，因此本次因子提取的总体效果比较理想。

表 5-4 总方差解释

成分	初始特征值			提取载荷平方和			旋转载荷平方和		
	总计	方差百分比（%）	累计方差百分比（%）	总计	方差百分比（%）	累计方差百分比（%）	总计	方差百分比（%）	累计方差百分比（%）
1	6.962	69.621	69.621	6.962	69.621	69.621	5.938	59.380	59.380
2	2.627	26.272	95.894	2.627	26.272	95.894	3.651	36.513	95.894
3	0.196	1.956	97.850						
4	0.128	1.277	99.127						
5	0.064	0.644	99.771						
6	0.015	0.153	99.924						
7	0.005	0.046	99.970						
8	0.003	0.029	99.999						
9	5.956E-05	0.001	100.000						
10	2.178E-08	2.178E-07	100.000						

注：提取方法为主成分分析法。

由表 5-4 可知：

第一组数据项（第 2 列至第 4 列）描述了初始因子的情况。第 1 个因子的方差贡献为 6.962，解释原有 10 个变量总方差的 69.621%，累计方差贡献率为 69.621%；第 2 个因子的方差贡献为 2.627，解释原有 10 个变量总方差的 26.272%，累计方差贡献率为 95.894%。其余数据含义类似。

第二组数据项（第 5 列至第 7 列）描述了因子解的情况。前两个因子共解释了原有变量总方差的 95.894%。总体上，原有变量的信息丢失较少，因子分析效果较理想。

第三组数据项（第 8 列至第 10 列）描述了最终因子解的情况。因子旋转后，累计方差贡献率没有变，即没有影响原有变量的共同度，但却重新分配了各因子解释原有变量方差的百分比，改变了各因子的方差贡献，使得因子更易于解释。其中，第 1 个因子的方差贡献变为 5.938，解释原有 10 个变量总方差的 59.380%，第 2 个因子的方差贡献变为 3.651，解释原有 10 个变量总方差的 36.513%。

综上，前 2 个公因子解释了全部方差的 95.894%，说明提取的 2 个公因子能够代表原来 10 个衡量农村经济发展水平指标的 95.894%，数据信息丢失较少，可以较好地解释原始数据，故提取两个公因子，分别为 F_1、F_2。

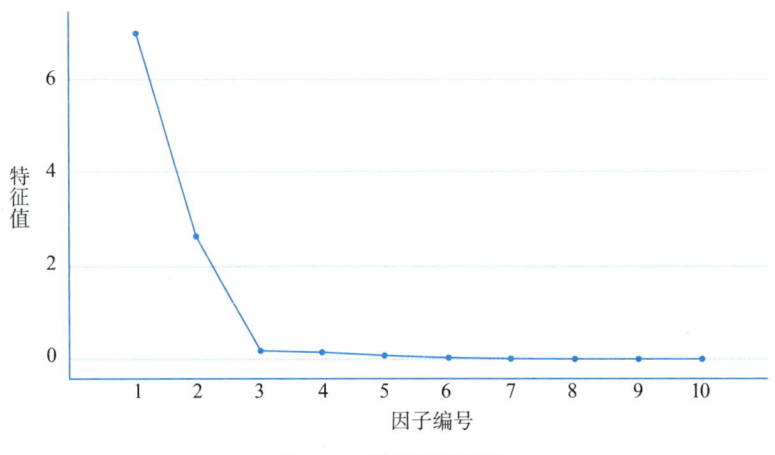

图 5-14　因子的碎石图

由图 5-14 可知，第 1 个因子的特征值（方差贡献）很高，对解释原有变量的贡献最大；拐点出现在第 2 个特征值上，解释力度明显降低；第 3 个以后的因子特征值都比较小，对解释原有变量的贡献很小，已经成为可以被忽略的"高山脚下的碎石"。因此，提取两个因子是合适的。

（3）因子载荷。使用最大方差法进行因子旋转，结果见表 5-5 和表 5-6。

表5-5 成分矩阵

	成分	
	1	2
农业技术进步	0.979	0.170
农村贫困率	−0.940	−0.252
农村教育水平	0.940	0.304
农民组织参与度	0.919	0.371
农村人口	−0.897	0.313
农业国际竞争力	0.883	0.380
农业政策支持度	0.864	0.392
农产品流通与贸易	−0.595	0.798
农业产值	−0.595	0.798
农业生态效益	−0.594	0.797

注：提取方法为主成分分析法；提取了2个成分。

由表5-5可知，10个变量在第1个因子上的载荷都很高，意味着它们与第1个因子的相关程度高，即第1个因子很重要；第2个因子与原有变量的相关性则较小，对原有变量的解释作用不显著。同时，这两个因子的实际含义比较模糊。

表5-6 旋转后的成分矩阵

	成分	
	1	2
农民组织参与度	0.983	−0.122
农村教育水平	0.970	−0.191
农业国际竞争力	0.956	
农业政策支持度	0.946	
农村贫困率	−0.944	0.237
农业技术进步	0.938	−0.327
农业产值	−0.132	0.987
农产品流通与贸易	−0.132	0.987
农业生态效益	−0.132	0.985
农村人口	−0.632	0.710

注：提取方法为主成分分析法。旋转方法：凯撒正态化最大方差法。旋转在3次迭代后已收敛。

表 5-6 是按照前面设定的"方差极大法"对因子载荷矩阵旋转的结果。由表 5-6 可知，公因子 1 在农民组织参与度、农村教育水平、农业政策支持度、农业技术进步、农村贫困率、农业国际竞争力上具有较大的载荷，可归为一类，即农村社会经济发展因子；公因子 2 在农产品流通与贸易、农业产值、农业生态效益、农村人口上具有较大的载荷，可视为一类，即农业生产经营因子。与旋转前相比，因子含义较为清晰。

（4）因子得分。计算成分得分系数矩阵，结果如表 5-7 所示。

表 5-7 成分得分系数矩阵

	成分	
	1	2
农村人口 X_1	−0.055	0.167
农业产值 X_2	0.073	0.307
农村贫困率 X_3	−0.165	−0.018
农村教育水平 X_4	0.174	0.036
农产品流通与贸易 X_5	0.073	0.307
农业技术进步 X_6	0.154	−0.012
农业生态效益 X_7	0.073	0.306
农民组织参与度 X_8	0.184	0.059
农业政策支持度 X_9	0.181	0.070
农业国际竞争力 X_{10}	0.181	0.065

注：提取方法为主成分分析法。旋转方法：凯撒正态化最大方差法。

根据表 5-7 可得以下因子得分函数：

$F_1 = -0.055X_1 + 0.073X_2 - 0.165X_3 + 0.174X_4 + 0.073X_5 + 0.154X_6 + 0.073X_7 + 0.184X_8 + 0.181X_9 + 0.181X_{10}$

$F_2 = 0.167X_1 + 0.307X_2 - 0.018X_3 + 0.036X_4 + 0.307X_5 - 0.012X_6 + 0.306X_7 + 0.059X_8 + 0.070X_9 + 0.065X_{10}$

最后，将原始数据代入公因子的表达式中，求出 F_1、F_2；为准确分析 11 个省份农村的经济发展水平，需进行加权运算，从而得到综合得分模型，如图 5-15 所示。

提取载荷平方和		
总计	方差百分比	累计%
6.962	69.621	69.621
2.627	26.272	95.894

图 5-15 提取载荷平方和

$$F=\frac{0.69621}{0.95894}F_1+\frac{0.26272}{0.95894}F_2$$

根据因子得分模型，得到 11 个省份农村的经济发展水平的综合得分（见表 5-8）。

表 5-8 11 个省份农村的经济发展水平的综合得分

省份	F_1	F_2	F
北京	58.51	25.09	49.35
天津	56.92	26.18	48.5
河北	85.76	177.75	110.96
山西	67.51	102.71	77.15
内蒙古	65.23	75.03	67.91
辽宁	78.34	128.19	91.99
吉林	67.01	82.8	71.34
黑龙江	72.58	105.62	81.63
上海	60.52	28.96	51.87
浙江	107.41	237.54	143.06
安徽	82.96	164.13	105.2

5.5 思考与练习

一、思考题

1. 主成分分析法与因子分析法的主要原理是什么？
2. 简述主成分分析法与因子分析法的区别与联系。
3. 简述主成分分析法与因子分析法在农林经济管理中的适用范围。
4. 因子分析法是不是直接可以使用？如果不是，要做哪些检验后才能使用？
5. 如何在实践中应用主成分分析法和因子分析法？我们可以用这两种方法分析哪些问题？

二、软件操作题

6. Y 市在国家的号召下积极响应"绿水青山就是金山银山"的发展理念，对本市的污水进行处理，现要通过问卷的方式收集民众对污水处理的看法。问卷共有八个问题：您对污水处理的了解程度有多少（V1）、污水处理对环境的改善效果如何（V2）、污水处理对您的生活影响程度（V3）、您对生活中产生的污水循环利用的程度（V4）、您对此次污水处理的满意程度（V5）、污水处理给您生活带来了多少便利（V6）、您对接下来污水处理的接受程度（V7）、污水处理对您身体的健康带来的改善情况（V8）。抽取了10位民众进行打分（1~100），数据见表5-9，试用主成分分析法/因子分析法对这些指标提取主成分/公因子，并写出主成分/公因子与指标之间的表达式。

表5-9 农村污水处理问卷调查部分数据

民众	V1	V2	V3	V4	V5	V6	V7	V8
1	78	54	73	83	60	48	70	53
2	80	56	80	85	62	56	80	62
3	82	70	88	88	70	56	81	66
4	85	71	88	88	84	57	85	67
5	85	73	94	90	85	60	85	67
6	80	60	80	76	60	48	80	66
7	76	55	77	75	55	48	70	62
8	75	45	74	70	55	46	70	62
9	63	44	68	69	54	44	65	53
10	60	40	60	66	55	44	62	50

7. 某省作为旅游大省，旅游业是影响GDP的一个重要因素，表5-10展示了该省2015年至2022年旅游方面的部分数据，包括来省旅游人数（X1）、旅游景点门票收入（X2）、旅游住宿收入（X3）、旅游吃食收入（X4）、旅游购买特产收入（X5）、旅游交通收入（X6）、旅游其他收入（X7）。试用主成分分析法/因子分析法对这些指标提取主成分/公因子，并写出主成分/公因子与指标之间的表达式。

表5-10 某省旅游方面的部分数据

年份	X1	X2	X3	X4	X5	X6	X7
2015	97	140	151	162	142	135	176
2016	102	156	178	153	201	144	156
2017	114	178	202	222	197	178	200
2018	130	230	241	250	220	278	269
2019	121	213	213	219	207	259	243
2020	56	102	113	100	101	92	110
2021	74	116	120	113	111	100	121
2022	95	141	149	160	140	136	160

8. 表 5-11 是 G 市 2015 年至 2022 年的各类畜产品的产量，试用主成分分析法/因子分析法对这些指标提取主成分/公因子，并写出主成分/公因子与指标之间的表达式。

表 5-11 各类畜产品的产量

年份	猪肉/V1	牛肉/V2	羊肉/V3	牛奶/V4	禽蛋/V5
2015	8.2	2.3	3.1	1.6	1.5
2016	9.6	2.4	3.1	1.6	2.1
2017	10.1	3.1	4.8	2.1	2.4
2018	15.2	4.1	5.1	2.7	2.6
2019	16.4	4.6	5.3	2.9	2.9
2020	17.5	5.2	5.5	3.3	3.4
2021	17.6	5.2	5.6	3.4	3.6
2022	19.3	6.3	7.5	4.6	4.4

Chapter Six

第 6 章 熵值法与熵权法在农林经济管理中的应用

在信息论中,熵值是衡量信息量的一种方法,它可以用于评估数据的复杂程度和随机性。在统计学中,熵值法可以帮助我们理解数据的分布情况,从而更好地进行统计推断和建模分析;还可以用于评估数据的质量和可靠性,帮助我们识别数据中的异常值或错误。通过熵值法,我们可以发现数据的模式和规律,从而更好地理解数据的特点。

熵值法在农林经济管理学科中具有重要的作用,主要体现在以下几个方面:

资源配置优化: 熵值法可以帮助农林经济管理者对资源进行有效的配置和利用,通过对资源利用效率的评估和分析,可以找到最优的资源配置方案,实现资源的最大化利用和经济效益的最大化。

环境保护与可持续发展: 熵值法可以帮助评估农林经济活动对环境的影响,包括土地利用、水资源利用、生态系统保护等方面,从而指导农林经济管理者制定可持续的发展战略和政策。

决策支持: 熵值法可以为农林经济管理者提供科学的决策支持,通过对各种经济活动的熵值进行评估和比较,可以帮助管理者选择最优的决策方案,提高经济效益和资源利用效率。

经济效率评估: 熵值法可以帮助评估农林经济活动的效率和绩效,包括生产效率、资源利用效率、经济效益等,为管理者提供经济活动的绩效评估和改进建议。

综上所述,熵值法在农林经济管理学科中具有重要的作用,可以帮助管理者优化资源配置、保护环境、支持决策和评估经济效率,为农林经济的可持续发展提供科学的支持和指导。

6.1 熵值法

6.1.1 熵值法的概述

熵值法是一种将熵应用于系统论中的信息管理方法。熵值越大,说明系统越混乱,携带的信息越少;熵值越小,说明系统越有序,携带的信息越多。熵是德国物理学家克劳修斯在1850年提出的概念,用来表示一种能量在空间中分布的均匀程度。熵是热力学的一个物理概念,是体系混乱度(或无序度）的量度。在信息论中，熵是不确定性的一种度量。熵值越小，不确定性越小；熵值越大，不确定性越大。根据熵的特性，我们可以通过计算熵值来判断一个事件的随机性及无序程度，也可以用熵值来判断某个指标的离散程度。指标的离散程度越大，表明该指标对综合评价的影响越大。

熵值法常用于多属性决策分析的方法，用于帮助决策者确定各个属性的权重或排序。该方法基于信息论的概念，通过计算属性的熵值和权重，来评估各个属性对决策结果的影响程度。

需要注意的是，熵值法在应用时要求决策者具有对属性和评估指标的相对重要性的主观判断。同时，该方法假设属性之间是相互独立的，且评估指标是线性可加的。因此，在实际应用时，需要根据具体情况合理使用和解释熵值法的结果。

6.1.2 熵值法的特点与测算步骤

熵值法是根据各项指标值的变异程度来确定指标权数的，这是一种客观赋权法，避免了人为因素带来的偏差，但熵值法不能减少评价指标的维数。有时忽略了指标本身的重要程度，有时确定的指标权数会与预期的结果相去甚远。

熵值法的操作步骤：

（1）数据准备：首先，需要收集相关的决策属性数据。每个属性都可以有多个评估指标，这些指标应该是可量化或可度量的。

（2）构建决策矩阵：将收集到的数据构建成一个决策矩阵。矩阵的行代表不同的决策对象，列代表各个属性和评估指标。

（3）归一化处理：对于每个评估指标，将其值标准化到一个统一的区间内，例如[0，1]。

（4）计算属性的熵值：对于每个属性，计算其熵值来评估属性的多样性和不确定性。熵值的计算公式为：$E=-\sum(p \cdot \log p)$，其中 p 为每个评估指标的权重。熵值越大表示属性的多样性越强。

（5）计算属性的权重：将每个属性的熵值转化为属性的权重。权重的计算公式为：$w=(1-E)/(n-\sum E)$，其中 E 为属性的熵值，n 为属性的个数。属性的权重越大表示该属性对决策结果的影响程度越高。

（6）属性排序和决策分析：根据属性的权重，对属性进行排序，以便确定每个属性的重要性。然后，根据权重和评估指标的值，对各个决策对象进行综合评估和排名。

6.2 熵值法在农林经济管理中的应用

6.2.1 熵值法在农林经济管理中的应用方向

熵值法在农林经济管理领域的应用主要体现在农业投资决策、农村产业发展规划和农产品质量评估等方面。

农业投资决策：在农业投资领域，可以使用熵值法来评估不同项目的影响力和优先级。通过收集不同项目的相关数据，如产量、经济效益、环境影响等，构建决策矩阵并计算属性的熵值和权重，从而确定最有价值的农业投资项目。

农村产业发展规划：针对农村发展规划，可以利用熵值法对不同农业产业进行评估和排序。收集各个产业的指标数据，如收入贡献、就业创造、资源利用效率等，计算属性的熵值和权重，以支持制定农村产业发展的战略决策。

农产品质量评估：用熵值法对农产品质量进行评估和排名，有助于农产品质量监管和市场竞争力的提升。通过收集农产品的相关指标数据，如营养成分、农药残留、食品安全等，计算属性的熵值和权重，确定农产品的综合质量评价指标，并对其进行排序和比较。

农村基础设施规划：在规划农村基础设施建设时，可以利用熵值法评估不同设施项目的重要性和需求程度。收集各个设施项目的指标数据，如覆盖面积、便利程度、投资成本等，计算属性的熵值和权重，以确定最需要优先考虑的设施项目。

需要注意的是，熵值法在农林经济管理领域的应用需要结合具体的场景和需求来调整和适应。具体的应用过程中，还需要决策者的专业知识和经验来辅助解释和综合考虑评估结果。

6.2.2 熵值法在农林经济管理中的应用案例

以下案例是关于森林旅游产业竞争力问题的研究，案例中主要采用了熵值法对不同地区的森林旅游产业竞争力进行了研究。

森林旅游是以地区森林资源为依托开展的旅游活动。20世纪60年代第五届世界林业会议召开后，森林旅游的现实价值得到了开发者和消费者广泛的认同，以森林公园为主要形式的森林旅游产业在全世界范围内蓬勃发展起来。1982年张家界国家森林公园的建立，标志着森林旅游成为中国城镇居民常态化的生活与消费形式。森林旅游产业是林业和旅游业，生产和消费紧密联系的新型交叉产业。森林旅游的高效开发是第一产业的重要增长点，在缓解社会压力的同时能提升游客保护环境的意识。云南省作为中国最早一批发展旅游产业的省份之一，为了能够更好地研究森林旅游产业竞争力及其影响因素，根据产业竞争力相关理论构建了指标体系对森林旅游产业竞争力进行定量分析。

森林旅游产业竞争力指标评价体系见表6-1。

表6-1 森林旅游产业竞争力指标评价体系

一级指标	二级指标	三级指标	变量	指向性
生产要素	初级生产要素	森林覆盖率	X_1	正向
		森林面积	X_2	正向
		天然林占比	X_3	正向
		国家森林公园数量	X_4	正向
		国家森林公园面积	X_5	正向

续表

一级指标	二级指标	三级指标	变量	指向性
生产要素	人力资源	森林公园职工人数	X_6	正向
		森林公园导游人数	X_7	正向
		高人力资本数	X_8	正向
	资本投入	森林公园投入资金	X_9	正向
		资本投入结构	X_{10}	正向
		环境建设投入资金	X_{11}	正向
	设施资源	森林公园车船数量	X_{12}	正向
		森林公园游步道数量	X_{13}	正向
		森林公园床位数量	X_{14}	正向
		森林公园餐位数量	X_{15}	正向
需求要素	区域能力	居民收入水平	X_{16}	正向
		居民消费能力	X_{17}	正向
		林业产业总产值	X_{18}	正向
	市场规模	林业旅游与休闲服务总产值	X_{19}	正向
		森林公园总收入	X_{20}	正向
		森林旅游收入	X_{21}	正向
		森林公园旅游人数	X_{22}	正向
相关产业支持	产业结构	产业结构高级化	X_{23}	正向
		森林旅游产业比重	X_{24}	正向
	相关产业	住宿和餐饮业	X_{25}	正向
		交通和运输业	X_{26}	正向
政府作用	政府支持	城镇年末就业人数	X_{27}	正向
		国际旅游收入	X_{28}	正向
	公共基础设施	公厕数量	X_{29}	正向
		公共交通数量	X_{30}	正向
		人均城市道路面积	X_{31}	正向
		人均公共绿地面积	X_{32}	正向

用熵值法处理数据的步骤如下：

构造 m 个对象的 n 维指标：

$$r = (r_{ij}^t)_{m \times n}$$

其中，m 为旅游城市数目，n 为森林旅游产业竞争力评价指标数，r_{ij}^t 表示第 t 年第 i 个城市的第 j 个指标数值。首先，对初始数据进行无量纲化处理，计算公式为：

$$r_{ij}^{t\prime} = \frac{r_{ij}^t - r_{j\min}^t}{r_{j\max}^t - r_{j\min}^t} \quad （6-1）$$

$$r_{ij}^{t\prime} = \frac{r_{j\max}^t - r_{ij}^t}{r_{j\max}^t - r_{j\min}^t} \quad （6-2）$$

式（6-1）是正向指标的处理方式，式（6-2）为逆向指标的处理方式，$i=1, 2, \cdots, m$；$j=1, 2, \cdots, n$；$t=1, 2, \cdots, T$。$r_{ij}^{t\prime}$ 为无量纲化之后的数据，$r_{j\min}^t$ 表示第 j 个指标的最小值，$r_{j\max}^t$ 表示第 j 个指标的最大值。在 STATA 中的具体操作为：

```
// 标准化
global positive_var x1 x2 x4 x5 x7
global negative_var x3 x6
global all_var $positive_var $negative_var
foreach i in $positive_var{
qui sum `i'
gen x_`i'=(`i'-r(min))/(r(max)-r(min))
}
foreach i in $negative_var{
qui sum `i'
gen x_`i'=(r(max)-`i')/(r(max)-r(min))
}
```

输出部分结果效果如图 6-1 所示。

x_x1	x_x2	x_x3	x_x4	x_x5	x_x6	x_x7	x_x8	x_x9	x_x10	x_x11	x_x12	x_x13
.8962421	.3478879	.4258523	.0001467	.039416	.3839127	.3047349	.2194592	.0330792	.2196094	.1767501	.0841219	.312134
.7621984	.4486517	.7054177	.0002641	.1179969	.3727769	.3516795	.2180106	.0722682	.3603849	.3964183	.1813986	.4274119
.6048793	.5844137	.5202131	.000088	.0689881	.1296286	.0578713	.1067117	.0174672	.3932276	.0998943	.1060466	.064831
.7366797	.2591731	.4439073	.0002201	.0716416	.8983188	.7102388	.2163206	.2561048	.4898365	.9365757	.9954997	.2507963
.5844082	.060469	.0240914	0	.0377226	.1163306	.0412788	.1994206	.0206056	.0464823	.0112778	.0031156	.0204459
.4587773	.859584	.9045745	.0001394	.0365302	.0633548	.0364225	.0420087	.0147548	.3191335	.0210805	.0115393	.0967841
.51318	.4001392	.2480699	.0001247	.0670533	.626142	.2828814	.1665862	.1158307	.4025757	.4648941	.1615509	.3553889
.3819405	.4362571	.3912003	.0002935	.0827766	.6739283	.2626467	.1677933	.0824951	.5310587	.3274856	.0739672	.3734717
.3154795	.9127651	.9998457	.0003522	.5284493	.310287	.402671	.2532593	.0789242	.3729363	.1421075	.3832218	.4351176
.0162647	0	.0670441	.0000514	.0221983	.048381	0	1	.0130067	.9166501	.043127	0	.0515771
.0131801	.2457853	.6076322	.0001027	.0492483	.1751446	.1380008	0	.2403474	.2853023	.3296785	.0219248	.1570944

图 6-1 输出部分结果效果

下一步计算熵值，计算公式为：

$$h_j = -k \sum f_{ij} \ln f_{ij} \qquad (6-3)$$

式（6-3）中指标r'_{ij}的比重f_{ij}由$f_{ij} = r'_{ij} / \sum r'_{ij}$得出，$k=1/\ln m$，$f_{ij} \ln f_{ij} = 0$（当$f_{ij}=0$时，概率为0）。在STATA中的具体操作为：

```
// 计算信息熵
gen n=_N
foreach i in $all_var{
gen y_lny_`i'=y_`i'*ln(y_`i')
replace y_lny_`i'=0 if x_`i'==0
}
foreach i in $all_var{
egen y_lny_`i'_sum=sum(y_lny_`i')
}
foreach i in $all_var{
 gen E_`i'=-1/ln(n)*y_lny_`i'_sum
```

部分输出表现效果如图6-2所示。

E_x1	E_x2	E_x3	E_x4	E_x5	E_x6	E_x7	E_x8	E_x9	E_x10	E_x11	E_x12
.9686498	.9545797	.9623607	.0459216	.8644759	.9519957	.9439014	.967572	.9042715	.9547508	.9290423	.9008365
.9686498	.9545797	.9623607	.0459216	.8644759	.9519957	.9439014	.967572	.9042715	.9547508	.9290423	.9008365
.9686498	.9545797	.9623607	.0459216	.8644759	.9519957	.9439014	.967572	.9042715	.9547508	.9290423	.9008365
.9686498	.9545797	.9623607	.0459216	.8644759	.9519957	.9439014	.967572	.9042715	.9547508	.9290423	.9008365
.9686498	.9545797	.9623607	.0459216	.8644759	.9519957	.9439014	.967572	.9042715	.9547508	.9290423	.9008365
.9686498	.9545797	.9623607	.0459216	.8644759	.9519957	.9439014	.967572	.9042715	.9547508	.9290423	.9008365
.9686498	.9545797	.9623607	.0459216	.8644759	.9519957	.9439014	.967572	.9042715	.9547508	.9290423	.9008365
.9686498	.9545797	.9623607	.0459216	.8644759	.9519957	.9439014	.967572	.9042715	.9547508	.9290423	.9008365
.9686498	.9545797	.9623607	.0459216	.8644759	.9519957	.9439014	.967572	.9042715	.9547508	.9290423	.9008365

图6-2 部分输出表现效果

计算得出熵值后便可计算相对应指标的权重，计算公式为：

$$w_j = \frac{g_j}{\sum g_j} \qquad (6-4)$$

式（6-4）中，w_j为第j个指标的权重；g_j为差异性系数，$g_j = 1 - h_j$，当g_j越大时，说明指标的重要性越强。在STATA中的具体操作如下：

```
// 计算权重
foreach i in $all_var{
gen d_`i'=1-E_`i'
}
egen d_sum=rowtotal(d_*)
foreach i in $all_var{
gen w_`i'=d_`i'/d_sum
}
```

部分输出效果如图 6-3 所示。

	w_x1	w_x2	w_x3	w_x4	w_x5	w_x6	w_x7	w_x8	w_x9	w_x10	w_x11	w_x12
1	.0095577	.0138472	.011475	.2908676	.0413169	.014635	.0171026	.0098862	.0291845	.013795	.0216327	.0302317
2	.0095577	.0138472	.011475	.2908676	.0413169	.014635	.0171026	.0098862	.0291845	.013795	.0216327	.0302317
3	.0095577	.0138472	.011475	.2908676	.0413169	.014635	.0171026	.0098862	.0291845	.013795	.0216327	.0302317
4	.0095577	.0138472	.011475	.2908676	.0413169	.014635	.0171026	.0098862	.0291845	.013795	.0216327	.0302317
5	.0095577	.0138472	.011475	.2908676	.0413169	.014635	.0171026	.0098862	.0291845	.013795	.0216327	.0302317
6	.0095577	.0138472	.011475	.2908676	.0413169	.014635	.0171026	.0098862	.0291845	.013795	.0216327	.0302317
7	.0095577	.0138472	.011475	.2908676	.0413169	.014635	.0171026	.0098862	.0291845	.013795	.0216327	.0302317
8	.0095577	.0138472	.011475	.2908676	.0413169	.014635	.0171026	.0098862	.0291845	.013795	.0216327	.0302317
9	.0095577	.0138472	.011475	.2908676	.0413169	.014635	.0171026	.0098862	.0291845	.013795	.0216327	.0302317
10	.0095577	.0138472	.011475	.2908676	.0413169	.014635	.0171026	.0098862	.0291845	.013795	.0216327	.0302317
11	.0095577	.0138472	.011475	.2908676	.0413169	.014635	.0171026	.0098862	.0291845	.013795	.0216327	.0302317

图 6-3　部分输出效果

最后，我们便可以计算最终的综合评分，其计算公式为：

$$Q_i = \sum_{j=1}^{n} w_j r_{ij}^{t}$$

该步骤在 STATA 中的操作如下：

```
// 计算综合得分
egen w=rowtotal(w_*)
foreach i in $all_var{
gen Score_`i'=x_`i'*w_`i'
}
egen Score=rowtotal(Score_*)
```

部分输出表现如图 6-4 所示。

	Score_x21	Score_x22	Score_x23	Score_x24	Score_x25	Score_x26	Score_x27	Score_x28	Score_x29	Score_x30	Score_x31	Score_x32	Score
1	.0007835	.0023238	.0015922	.0003908	.0026907	.0046309	.0036057	.0018316	.0033475	.0031968	.0027278	.0025613	.0951999
2	.0058216	.0060723	.0016768	.0039687	.002381	.0024326	.0008246	.000204	.0022316	.0013675	.0030478	.0041279	.1360729
3	.0007669	.0005538	.0014243	.0004472	.0019796	.0024038	.0036173	.0005496	.0024345	.0005506	.0029548	.0020287	.0724449
4	.01447	.0046208	.0015142	.0020492	.0072612	.0057733	.0054601	.0022345	.007126	.0047951	.0041233	.0028511	.2436605
5	.0003984	.0001663	.0006418	.000765	0	0	.0001605	.0001445	.0013948	.0026995	.0044843	.0024908	.0318256
6	.0001885	.0009273	.0011997	.0006926	.0026107	.0005896	.0041228	.0008402	.0036011	.0015007	.0019054	.0012532	.0614005
7	.0023263	.0109976	.0014515	.0049797	.013085	.0094789	.0015156	.0067849	.0017498	.0043156	.0024636	.0054751	.1761948
8	.0025571	.004005	.001402	.0044109	.0042695	.004278	.0017984	.000397	.0024599	.0016161	.0024896	0	.1176679
9	.0015037	.0010795	.0012641	.0013212	.0004057	.0012269	.0027115	.0003566	.0095606	.0023976	.0018719	.0022872	.1427197
10	.0002805	.0005637	.0003049	.0035651	.0035197	.0024505	.0011905	.0023508	.0047422	.132044	.0002865	.0023812	.0724671
11	.0018779	.0031538	.0010315	.0083588	.0012379	.0028074	.0023778	.0000666	.0018259	.0002131	0	.0004308	.072457
12	.0004452	.0064162	.0016215	.0037849	.0015146	.0022381	.0020594	.0005014	.0010397	.0003907	.0014402	.0072844	.0745429
13	.0045654	.0007342	.0017764	.0010455	.0017819	.0026328	.0027664	.0006881	.0053509	.0062337	.0029436	.002154	.1112294
14	.0022065	.0013233	.0016677	.0013524	.0006184	.0017119	.0016013	.0002084	.0058327	.0010567	.0021621	.0016684	.1365314
15	.0010644	.0018306	.0015298	.0025705	.0055679	.0046852	.0054531	.0005165	.0030939	.0023887	.0033679	.0013081	.1064551

图 6-4 部分输出表现

图 6-4 中，Score 得分指某个城市的指标得分，一级指标是二级指标相加的得分（在构建指标体系时就已经分好一级、二级等）。Score 是指某年某个城市的综合评价得分。

根据权重表中各项指标的权重，结合中国森林覆盖率排名靠前的 15 个省份相关指标数据，测算出 2012—2020 年各省份森林旅游产业竞争力综合排名。由表 6-2 可知，在森林覆盖率排名靠前的 15 个省份中，云南省森林旅游产业竞争力的排名较为靠后，2012—2017 年稳定在第 14 名，2018—2020 年上升到第 13 名。云南省森林旅游产业竞争力得分呈现先升后降再升的态势：2012—2018 年由 0.024 上升到 0.030；2018—2019 年由 0.030 下降到 0.022，得分陡降；2019—2020 年从 0.022 上升到 0.025。云南省森林旅游产业竞争力得分与排名靠前的浙江省相比差距较大。

表 6-2 2012—2020 年中国森林覆盖率排名靠前的 15 个省份森林旅游产业竞争力评价得分与排名

省份	2012 年		2013 年		2014 年		2015 年		2016 年		2017 年		2018 年		2019 年		2020 年	
	排名	得分	排名	得分	排名	得分	排名	得分	排名	得分	排名	得分	排名	得分	排名	得分	排名	得分
福建	9	0.053	9	0.052	9	0.057	10	0.057	9	0.055	10	0.055	10	0.054	10	0.040	8	0.050
江西	4	0.081	5	0.079	6	0.077	4	0.076	4	0.083	3	0.090	3	0.099	5	0.069	3	0.115
广西	13	0.033	13	0.036	13	0.035	13	0.031	13	0.034	13	0.034	12	0.043	12	0.029	12	0.034
浙江	1	0.168	1	0.156	1	0.139	1	0.143	1	0.141	1	0.137	1	0.149	3	0.117	2	0.129
海南	15	0.015	15	0.019	15	0.014	15	0.012	15	0.012	15	0.014	15	0.015	15	0.012	15	0.013
云南	14	0.024	14	0.027	14	0.028	14	0.025	14	0.026	14	0.030	13	0.030	13	0.022	13	0.025

续表

省份	2012年		2013年		2014年		2015年		2016年		2017年		2018年		2019年		2020年	
	排名	得分	排名	得分	排名	得分	排名	得分	排名	得分	排名	得分	排名	得分	排名	得分	排名	得分
广东	2	0.135	2	0.126	2	0.137	2	0.133	2	0.137	2	0.125	2	0.132	4	0.087	1	0.216
湖南	6	0.068	6	0.071	4	0.078	5	0.076	6	0.075	6	0.068	5	0.075	2	0.177	5	0.076
黑龙江	5	0.081	4	0.081	3	0.088	7	0.071	5	0.078	5	0.076	4	0.081	11	0.035	7	0.057
北京	10	0.052	10	0.046	12	0.046	9	0.061	8	0.058	8	0.061	8	0.061	8	0.043	9	0.045
贵州	11	0.042	12	0.039	10	0.051	11	0.045	11	0.051	7	0.064	7	0.063	9	0.042	10	0.040
重庆	12	0.040	8	0.054	8	0.062	8	0.064	10	0.053	11	0.053	9	0.056	1	0.196	4	0.079
陕西	7	0.060	11	0.040	11	0.046	12	0.042	12	0.042	12	0.051	11	0.045	6	0.057	11	0.037
吉林	3	0.093	3	0.0107	5	0.077	6	0.074	3	0.087	4	0.081	14	0.029	14	0.018	14	0.022
湖北	8	0.054	7	0.065	7	0.064	3	0.087	7	0.067	9	0.061	6	0.068	7	0.054	6	0.062

根据2012—2020年各省份森林旅游产业竞争力排名情况可以看出，多数省份的排名在这9年中较为稳定。表6-3对2012—2020年各省份森林旅游产业竞争力取算数平均数从而得到各省份森林旅游产业竞争力的综合排名。为了更直观地显示排名的变化，将综合排名和各省份森林旅游产业竞争力在9年中的最好排名做了对比。

表6-3 2012—2020年中国森林覆盖率排名靠前的15个省份森林旅游产业竞争力综合排名

省份	浙江	广东	江西	湖南	重庆	黑龙江	吉林	湖北	福建	北京	贵州	陕西	广西	海南	云南
综合得分	0.142	0.137	0.085	0.085	0.073	0.072	0.066	0.065	0.053	0.052	0.049	0.047	0.034	0.014	0.026
综合排名	1	2	3	4	5	6	7	8	9	10	11	12	13	15	14
最优排名	1	1	3	1	1	3	3	3	8	8	7	6	12	15	13

6.3 熵权法

熵权法（TOPSIS）是一种多属性决策分析方法，可以解决权重分配问题。在熵权法中，首先需要对每个属性进行标准化处理，然后计算每个属性的信息熵和权重。信息熵越大，说明该属性的不确定性越高，权重越小；反之，信息熵越小，权重越大。然后，根据计算出的权重，对每个属性进行加权求和，得到每个决策方案的综合得分。最终，选取得分最高的决策方案作为最优解。

熵权法在农林经济管理学科中具有重要的作用，主要体现在以下几个方面：

综合评价和决策支持：熵权法能够综合考虑多个指标的权重，通过计算各指标的信息熵和权重，得出综合评价结果，为农林经济管理提供科学的决策支持。

资源配置和效率评估：在农林经济管理中，资源的合理配置和利用效率是关键问题。熵权法可以帮助管理者评估资源利用的效率，找出资源配置中存在的问题，并提出优化方案。

环境保护和可持续发展：农林经济管理需要兼顾经济效益和环境保护，熵权法可以帮助管理者综合考虑经济、社会和环境等多方面的因素，制定可持续发展的策略和政策。

风险评估和应对：农林经济管理中存在各种风险，如自然灾害、市场波动等，熵权法可以帮助管理者对各种风险进行评估和排序，制定相应的风险管理策略。

综上，熵权法可以为农林经济管理者提供科学的决策支持，促进农林经济的可持续发展。

6.3.1 熵权法概述

熵权法是一种基于信息熵理论的客观赋权方法。它可以根据评价指标的信息量来确定各指标的权重。某个指标的熵值 e_j 越小，说明其指标值的变异程度越大，提供的信息量越多，在综合评价中该指标起到的作用越大，其权重应该越大；熵值 e_j 越大，说明其指标值的变异程度越小，提供的信息量越少，在综合评价中该指标起到的作用越小，其权重应该越小。

TOPSIS 是一种常用的综合评价方法，其能充分利用原始数据的信息，其结果能精确地反映各评价方案之间的差距。为了对众多方案进行排序，在给出所有方案之后，可以根据这些数据构造出一个由所有方案组成的系统中的理想最优解和最劣解。而 TOPSIS 就是通过一定的计算，评估方案系统中任何一个方案与理想最优解和最劣解的综合距离。如果一个方案距离理想最优解更近，距离最劣解更远，我们就有理由认为这个方案更好。那理想最优解和最劣解又是什么呢？很简单，理想最优解就是该理想最优方案的各指标值都取到系统中评价指标的最优值，最劣解就是该理想最劣方案的各指标值都取到系统中评价指标的最劣值。

6.3.2 熵权法的特点与测算步骤

熵权法在评价指标时能够深入挖掘指标的含义，确定更为客观合理的权重，具有较高的可信度和可靠性。其理论基础扎实，算法简单易行，实践中不需要其他软件支持，因此大大降低了实际操作中的复杂度和成本。然而，熵权法也存在一些局限性。首先，由于它基于样本数据进行评价，因此对样本的依赖较大。样本数据的变化可能导致权重的波动，从而影响评价结果的可靠性。其次，熵权法无法充分考虑指标之间的横向影响，这可能导致评价结果不准确。因此，在使用熵权法进行评价时，需要充分考虑这些因素，以保证最终结果的准确性。同时，由于熵权法的计算过程较为复杂，因此需要根据具体情况决定使用与否，以避免因算法复杂而导致的评价结果不可靠。

熵权法的基本步骤：

（1）数据正向化/逆向化处理以及数据标准化处理。如果数据中有负向指标（即数值越大越不好），则需要将其转化为正向指标（即数值越大越好）；同时，为了消除数据的量纲影响，需要对数据进行标准化处理，使其能在同一尺度下进行比较。

（2）熵权法求权重。利用权重与数据相乘得到新数据。根据信息熵理论，计算各指标的信息熵值、权重，然后将原始数据与权重系数相乘，得到新的数据矩阵。

（3）利用TOPSIS计算。根据新数据矩阵，求出各指标的正理想解和负理想解，判断各评价对象与正负理想解的距离，最后计算各评价对象的相对接近度，并按照相对接近度从高到低进行排序。

6.4 熵权法在农林经济管理中的应用

6.4.1 熵权法在农林经济管理中的应用方向

（1）利用熵权法对土地整治项目的效果进行评价。经过整改以后，选取土地整改中的相关因素，如土地利用、生态环境、经济效益、社会效益等指标，得出各个整改区域的综合评分以及排名。

（2）运用熵权法对我国农村电商发展水平进行评价。选取农村电商基础设施、农村电商人才、农村电商市场规模、农村电商经济效益等指标，得出各省份的综合得分和排序。

（3）采用熵权法对我国各省份的农业科技创新能力进行评价。选取科技投入、科技人才、科技成果、科技转化等指标，最终得出各省份的综合得分和排序。

以上应用均可通过最终的综合评分以及排名判断各项政策或活动项目的实施效果。

6.4.2 熵权法在农林经济管理中的应用案例

在乡村振兴战略指导下，全国各地乡村得到飞速的发展，现需要对山东省泰安市近几年乡村居民生活富裕程度进行研究从而评价乡村振兴战略的实施效果。表6-4展示了2015年至2019年泰安市乡村居民生活富裕程度相关的七项指标，并根据提供的数据采用熵权法对泰安市乡村居民生活富裕程度进行分析。

表 6-4 泰安市乡村居民生活富裕程度相关指标

年份	人均可支配收入（X1）	人均消费水平（X2）	恩格尔系数（X3）	人均住房面积（X4）	教育文化娱乐消费（X5）	没有参加任何医疗保险比例（X6）	基本医疗保险比例（X7）
2015	13322	8588	0.32	40.91	892	0.8	5.1
2016	14428	9297	0.32	42.10	935	0.8	7.9
2017	15674	10100	0.32	42.50	1092	0.6	8.3
2018	16959	10942	0.31	43.21	1320	1.2	18.9
2019	18621	12020	0.30	43.5	1398	0.6	57.9

首先对相关指标进行逆向化和正向化处理并标准化。从表 6-4 中可以明显看出，逆向指标有恩格尔系数和没有参加任何医疗保险比例两项，其余均为正向指标，所以此处我们采用极差变换法对数据进行标准化。针对不同类型的指标计算公式也有所不同。

对于正向指标，计算公式为：

$$V_{ij} = \frac{X_{ij} - X_j^0}{X_j^* - X_j^0} (1 \leq i \leq m,\ 1 \leq j \leq n)$$

对于逆向指标，计算公式为：

$$V_{ij} = \frac{X_j^* - X_{ij}}{X_j^* - X_j^0} (1 \leq i \leq m,\ 1 \leq j \leq n)$$

$$\text{PS：} X_j^* = \max_{1 \leq i \leq m} X_{ij},\ X_j^0 = \min_{1 \leq i \leq m} X_{ij}$$

在 STATA 中的具体操作为：

```
// 标准化
global positive_var x1 x2 x4 x5 x7
global negative_var x3 x6
global all_var $positive_var $negative_var
foreach i in $positive_var{
qui sum `i'
gen x_`i'=(`i'-r(min))/(r(max)-r(min))
}
foreach i in $negative_var{
qui sum `i'
gen x_`i'=(r(max)-`i')/(r(max)-r(min))
}
```

标准化部分输出结果如图 6-5 所示。

x_x1	x_x2	x_x4	x_x5	x_x7	x_x3	x_x6
0	0	0	0	0	0	.6666667
.2087186	.2065851	.4594589	.0849802	.0530303	0	.6666667
.4438573	.4405594	.6138996	.3952569	.0606061	0	1
.6863559	.6858974	.8880305	.8458498	.2613636	.5	0
1	1	1	1	1	1	1

图 6-5　标准化部分输出结果

对数据进行标准化以后，接下来计算指标个体 i 的第 j 项指标在总的第 j 项指标中的比重 (P_{ij})，并根据信息熵理论，计算各指标的信息熵值 (E_j)、权重 (W_j)。首先计算指标个体 i 的第 j 项指标在总的第 j 项指标中的比重，计算公式为：

$$P_{ij} = \frac{X_{ij}}{\sum_{i=1}^{m} X_{ij}}$$

在 STATA 中的具体操作为：

```
// 计算指标个体 i 的第 j 项指标在总的第 j 项指标中的比重
foreach i in $all_var{
egen `i'_sum=sum(x_`i')
gen y_`i'=x_`i'/`i'_sum
}
```

比重计算部分输出结果如图 6-6 所示。

x1_sum	y_x1	x2_sum	y_x2	x4_sum	y_x4	x5_sum	y_x5	x7_sum	y_x7	x3_sum	y_x3	x6_sum	y_x6
2.338932	0	2.333042	0	2.961389	0	2.326087	0	1.375	0	1.5	0	3.333333	.2
2.338932	.0892367	2.333042	.0885475	2.961389	.1551498	2.326087	.0365336	1.375	.0385675	1.5	0	3.333333	.2
2.338932	.1897693	2.333042	.1888348	2.961389	.2073012	2.326087	.1699235	1.375	.0440771	1.5	0	3.333333	.3
2.338932	.2934484	2.333042	.2939928	2.961389	.2998696	2.326087	.3636364	1.375	.1900826	1.5	.3333333	3.333333	0
2.338932	.4275456	2.333042	.428625	2.961389	.3376794	2.326087	.4299065	1.375	.7272727	1.5	.6666667	3.333333	.3

图 6-6　计算指标个体 i 的第 j 项指标在总的第 j 项指标中的比重

下面进行信息熵值和权重的计算，信息熵值的计算公式为：

$$E_j = -k \cdot \sum_{i=1}^{n} P_{ij} \ln(P_{ij})$$

其中，$k>0$，ln 为自然对数，式中常数 k 与 m 有关，一般令 $k = \dfrac{1}{\ln m}$。

根据信息熵值便可计算出相对应的权重，其计算公式为：

$$H_i = 1 - E_j \qquad W_j = \frac{H_i}{\sum_{i=1}^{m} H_i}$$

该步骤在 STATA 中的具体操作为：

```
// 计算信息熵
gen n=_N
foreach i in $all_var{
gen y_lny_`i'=y_`i'*ln(y_`i')
replace y_lny_`i'=0 if x_`i'==0
}
foreach i in $all_var{
egen y_lny_`i'_sum=sum(y_lny_`i')
}
foreach i in $all_var{
 gen E_`i'=-1/ln(n)*y_lny_`i'_sum
 }
// 计算权重
foreach i in $all_var{
gen d_`i'=1-E_`i'
}
egen d_sum=rowtotal(d_*)
foreach i in $all_var{
gen w_`i'=d_`i'/d_sum
}
```

输出结果如图 6-7 和图 6-8 所示。

E_x1	E_x2	E_x4	E_x5	E_x7	E_x3	E_x6
.77921	.7781905	.8344999	.7163115	.5034971	.3954885	.8488422
.77921	.7781905	.8344999	.7163115	.5034971	.3954885	.8488422
.77921	.7781905	.8344999	.7163115	.5034971	.3954885	.8488422
.77921	.7781905	.8344999	.7163115	.5034971	.3954885	.8488422
.77921	.7781905	.8344999	.7163115	.5034971	.3954885	.8488422

图 6-7　信息熵值

w_x1	w_x2	w_x4	w_x5	w_x7	w_x3	w_x6	w
.1029823	.1034578	.0771936	.1323199	.2315821	.2819602	.070504	.9999999
.1029823	.1034578	.0771936	.1323199	.2315821	.2819602	.070504	.9999999
.1029823	.1034578	.0771936	.1323199	.2315821	.2819602	.070504	.9999999
.1029823	.1034578	.0771936	.1323199	.2315821	.2819602	.070504	.9999999
.1029823	.1034578	.0771936	.1323199	.2315821	.2819602	.070504	.9999999

图 6-8　权重

最后，我们利用 TOPSIS，根据新数据矩阵，求出各指标的正理想解和负理想解，然后，判断各评价对象与正负理想解的距离，最后计算各评价对象的相对接近度，并按照相对接近度从高到低进行排序。

下面计算各个评价指标与最优解、最劣解间的差距，定义第 i 个评价对象与最优解、最劣解的距离为 D_i^+、D_i^-，公式表示为：

$$D_i^+ = \sqrt{\sum_{j=1}^{m} W_j (a_j^+ - a_{ij})^2}$$

$$D_i^- = \sqrt{\sum_{j=1}^{m} W_j (a_j^- - a_{ij})^2}$$

其中，a_j^+ 表示第 j 列的最大值，a_j^- 表示第 j 列的最小值，a_{ij} 表示第 i 年的 j 个数据，W_j 表示第 j 个指标的权重值，如果没有权重值，则公式中权重值表示为 1。其中，$i=1, 2, 3, \cdots, j=1, 2, 3, \cdots$。

该步骤在 STATA 中的具体操作为：

```
// 计算正负理想解
foreach i in $all_var{
    gen A_`i'=y_`i'*w_`i'
}


foreach i in $all_var{
    qui sum A_`i'
    gen zheng_`i'=(A_`i'-r(max))^2
    replace zheng_`i'=0.00001 if zheng_`i'==0
}
foreach i in $all_var{
    qui sum A_`i'
    gen fu_`i'=(A_`i'-r(min))^2
    replace fu_`i'=0.00001 if fu_`i'==0
```

```
}
egen ZJ=rowtotal(zheng_*)
gen Dzheng=sqrt(ZJ)
egen FJ=rowtotal(fu_*)
gen Dfu=sqrt(FJ)
```

部分输出结果如图 6-9 所示。

ZJ	Dzheng	FJ	Dfu
.0715706	.2675268	.0002588	.0160883
.0661809	.2572565	.0006238	.0249757
.062876	.250751	.0020868	.0456813
.0252273	.1588309	.0154706	.124381
.00007	.0083666	.0719683	.268269

图 6-9　计算正负理想解

计算出正负理想解之后我们就可以根据正负理想解计算出相对接近度，从而对其进行排名，观察泰安市乡村居民生活富裕程度的变化。相对接近度的计算公式为：

$$C_i = \frac{D_i^-}{D_i^+ + D_i^-}$$

在 STATA 中的具体操作为：

```
// 求 C
                gen jiejindu=Dfu/(Dzheng+Dfu)
```

输出结果如图 6-10 所示。

根据输出的相对接近度我们可以对泰安市乡村居民生活富裕程度进行一个排名，从 2015 年开始名次依次递增，泰安市乡村居民生活的富裕程度随着时间的推移而增加，所以我们可以合理地认为，乡村振兴战略对于泰安市乡村的带动作用是很明显的。

从上述案例可以看到，我们采用熵权法对泰安市乡村居民生活富裕程度的七项相关指标进行了分析并进行了最终排名，得出了乡村振兴对泰安市乡村有明显带动作用的结论。综上所述，熵权法在"三农"方面的应用对于解决"三农"问题是非常有效的。

jiejindu
.0567257
.0884935
.1541036
.4391799
.9697559

图 6-10　C 值

6.5 思考与练习

一、思考题

1. 简述熵值法的原理和测算步骤。
2. 简述熵值法与因子分析法的区别与联系。
3. 熵值法需要对各个指标进行信度与效度检验吗?
4. 简述熵值法与主成分分析法的区别与联系。
5. 简述熵权法的原理和测算步骤。
6. 简述熵权法与熵值法的区别与联系。

二、软件操作题

7. 随着乡村振兴的推进，农户收入有了显著的提高，乡村居民的生活越来越富裕，农村家庭拥有小汽车已经是较为普遍的事情。请利用熵值法对每个品牌的汽车进行评价，给出农村家庭合适的购买建议，数据见表 6-5。

表 6-5 汽车各方面性能的数据

品牌	油耗	功率	安全性	操作性	保值性	舒适性
奥迪	9	2	20	31	35	40
福特	5	1.5	18	22	24	29
大众	7	1.6	23	26	26	30
本田	6	1.3	25	25	29	27
别克	15	1.7	20	24	21	24

8. 为进一步提高农民的收入，X 村决定针对农作物的生产效益进行评价，改进本村的种植结构，表 6-6 是本村的农作物种植情况以及各方面参数。请利用熵值法对不同的农作物进行评价。

表 6-6 不同农作物的种植情况

农作物	产量	水资源利用率	能量利用率	土壤侵蚀风险	市场价格
小麦	180	76	78	64	6
水稻	176	84	83	55	4
玉米	190	92	84	58	3

续表

农作物	产量	水资源利用率	能量利用率	土壤侵蚀风险	市场价格
大豆	203	77	92	60	5
小米	187	69	76	62	7
荞麦	192	73	88	58	6

9. 为鼓励乡村教育的发展，X 镇对本镇学校班级进行考核，根据不同的评价排名进行奖励。表 6-7 是不同班级的情况，请用熵权法进行评价排名，对不同的班级进行评奖。

表 6-7 班级的各指标评分

班级	成绩	纪律	作风	思想道德	班主任工作	违纪行为
1	98.5	100	88	99	90	20
2	96	99	94	100	92	10
3	94	98	86	99	94	30
4	99	100	93	99	93	30
5	100	99	90	100	90	20
6	95	100	88	100	88	10
7	96.5	97	100	100	90	10
8	97.5	96	93	99	91	20

10. X 村为保证农村环境质量，决定对经过村子的 6 条河流情况进行检测，对水质最差的三条河流进行处理，表 6-8 是水质检测的结果。请利用熵权法对其进行评测，选出需要进行处理的河流。

表 6-8 村河流水质情况

河流	含氧量（ppm）	pH 值	细菌总数（个/ml）	营养物量（ppm）	浑浊度（NTU）
1	4.69	6.3	71	12.36	56.22
2	3.85	6.7	56	14.85	76.59
3	4.22	5.9	33	23.67	32.98
4	4.71	8.1	22	45.16	34.65
5	3.69	8.2	19	35.82	26.89
6	3.88	5.5	20	26.79	65.33
7	4.62	7.3	41	18.66	78.26
8	3.55	6.5	9	24.32	39.87

Chapter Seven

第 7 章
线性回归在农林经济管理中的应用

回归分析作为一种统计学方法，用于探究自变量（独立变量）与因变量（依赖变量）之间的关系。它可以帮助我们理解和预测变量之间的定量关系，并用于建立数学模型来解释和预测未知数据。在回归分析中，自变量通常被认为是对因变量的解释因素，而因变量是我们希望了解或预测的变量。回归分析的目标是找到最佳拟合曲线或函数，以最好地描述自变量和因变量之间的关系。随着时间的推移，回归分析在统计学、经济学、社会科学和其他领域得到了广泛应用。它成了研究变量之间关系的重要工具，可以用于预测、控制和解释现象。回归分析的方法也不断发展和扩展，包括线性回归、多元回归、非线性回归等。

（1）线性回归（linear regression）：线性回归是最简单也是最常见的回归分析方法之一。它假设自变量和因变量之间存在线性关系，并试图拟合一条直线或超平面来描述这种关系。线性回归的目标是通过最小化观测值与拟合直线之间的差异，找到最佳拟合直线。

（2）多元回归（multiple regression）：多元回归是对多个自变量和一个因变量之间关系的回归分析方法。它在线性回归的基础上扩展，考虑了多个自变量对因变量的影响，并建立了一个多元线性模型来描述它们之间的关系。

（3）非线性回归（nonlinear regression）：非线性回归用于建模自变量和因变量之间的非线性关系。与线性回归不同，非线性回归可以使用曲线、指数函数、对数函数等非线性函数来拟合数据。这种方法更适用于复杂的关系模式。

回归分析在农林经济管理学科中的应用范围广泛，可以用于资源管理、市场分析、政策评估和投资决策等方面，为农林经济管理提供科学支持。

农林资源管理：回归分析可以用于研究农林资源的利用效率和可持续管理。例如，可以使用回归分析来研究土地利用与农作物产量之间的关系，以及森林经营措施对木材产量和生态环境的影响，从而提出科学的资源管理策略。

农林市场分析：回归分析可以用于研究农林产品市场的供求关系和价格变动趋势。例如，可以使用回归分析来研究农产品价格与市场需求、生产成本、政策因素等之间的关系，从而预测未来价格变动，并为市场参与者提供决策依据。

农林政策评估：回归分析可以用于评估不同农林政策对经济、环境和社会影响的效果。例如，可以使用回归分析来研究农业补贴政策对农民收入、农产品产量和农业就业的影响，以及森林保护政策对生态系统服务价值的影响，从而评估政策的效果并提出改进建议。

农林投资决策：回归分析可以用于农林投资项目的评估和决策。例如，可以使用回归分析来研究农林投资与经济增长、就业和环境效益之间的关系，从而评估投资的回报率，并为投资决策提供科学依据。

7.1　线性回归

7.1.1　线性回归的概述

回归分析的起源可以追溯到 18 世纪末和 19 世纪初的天文学研究。德国天文学家约翰·卡尔·弗里德里希·高斯（Johann Carl Friedrich Gauss）是回归分析的先驱之一，他提出了最小二乘法（Least Squares Method），该方法的目标是通过最小化观测值与模型预测值之间的差异来找到最佳拟合曲线或线性关系，这是回归分析的核心思想之一。

另一个重要的贡献者是英国统计学家弗朗西斯·高尔顿（Francis Galton）。高尔顿发现子女的身高往往趋向于向整体平均值回归，而不是完全保持父母身高的水平。为了描述这种回归现象，高尔顿引入了"回归到平均值"（regression toward the mean）的概念，并运用了最小二乘法。

以下是线性回归中的重要概念：

残差（residuals）：残差是观测值与回归模型预测值之间的差异。通过分析残差，我们可以评估模型的拟合程度和误差结构。

拟合优度（goodness of fit）：拟合优度指标用于评估回归模型的拟合程度，常见的指标包括决定系数（R-squared）、调整决定系数和残差标准误差等。

假设检验（hypothesis testing）：在回归分析中，我们可以进行假设检验来评估自变量对因变量的显著影响。常见的假设检验包括 T 检验和 F 检验。

7.1.2　线性回归的估计步骤

回归分析的一般步骤如下：

（1）回归分析是用来研究一个变量如何随着其他变量的变化而变化的方法，回归分析首先要确定哪个变量是我们要分析的，即哪个变量是因变量（记为 y）；哪些变量是用来解释因变量的，即哪些变量是自变量（记为 x）。回归分析就是要建立 y 和 x 之间的回归方程，并在已知 x 的情况下,通过回归方程预测 y 的平均值。

(2)根据函数拟合的方式,通过观察散点图确定应该用哪种数学模型来描述回归线。如果因变量和自变量之间有线性关系,则应该进行线性回归分析,建立线性回归模型;如果因变量和自变量之间有非线性关系,则应该进行非线性回归分析,建立非线性回归模型。

(3)根据收集到的样本数据以及前一步所确定的回归模型,在一定的统计拟合准则下估计出模型中的各个参数,得到一个具体的回归方程。

(4)由于回归方程是基于样本数据得到的,所以回归方程是否真实地反映了总体之间的统计关系以及回归方程是否可以用于预测等都需要进行检验。

(5)建立回归方程的目的之一是根据回归方程对新数据的未知因变量值进行预测。

在进行回归分析时,首先需要确定因变量和自变量。在回归分析中,被预测或解释的变量被称为因变量(dependent variable),通常用符号 y 表示。而用来预测或解释因变量的一个或多个变量称为自变量(independent variable),通常用符号 x 表示。当回归分析涉及单个自变量时,被称为一元回归;若因变量 y 与自变量 x 之间呈线性关系,则称为一元线性回归。如果有多个自变量则称为多元线性回归。

7.2 回归方程的设定和系数估计

7.2.1 回归方程的设定

设因变量为 y,k 个自变量分别为 $x_1, x_2, \cdots, x_k$,描述因变量 y 如何依赖于自变量 $x_1, x_2, \cdots, x_k$ 和误差项 ϵ 的方程为多元回归模型(multiple regression model),其一般形式可表示为:

$$y = \beta_0 + \beta_1 x_1 + \beta_2 x_2 + \cdots + \beta_k x_k + \epsilon$$

式中,β_0,β_1,β_2,$\cdots$,β_k 是模型参数;ϵ 为误差项。

方程 $y = \beta_0 + \beta_1 x_1 + \beta_2 x_2 + \cdots + \beta_k x_k + \epsilon$ 说明了 y 是 $x_1, x_2, \cdots, x_k$ 的线性函数($\beta_0 + \beta_1 x_1 + \beta_2 x_2 + \cdots + \beta_k x_k$ 部分),加上误差项 ϵ。误差项反映了除 $x_1, x_2, \cdots, x_k$ 与 y 的线性关系之外的随机因素对 y 的影响,是不能由 $x_1, x_2, \cdots, x_k$ 与 y 之间的线性关系所解释的变异性。

回归方程中的参数 $\beta_0, \beta_1, \beta_2, \cdots, \beta_k$ 是未知的,需要利用样本数据去估计它们。将样本统计量 $\hat{\beta}_0$,$\hat{\beta}_1$,$\hat{\beta}_2$,$\cdots$,$\hat{\beta}_k$ 代入回归方程中的未知参数 $\beta_0, \beta_1, \beta_2, \cdots, \beta_k$,就得到了估计的多元回归方程(estimated multiple regression equation),其一般形式为:

$$\hat{y} = \hat{\beta}_0 + \hat{\beta}_1 x_1 + \hat{\beta}_2 x_2 + \cdots + \hat{\beta}_k x_k$$

式中,$\hat{\beta}_0, \hat{\beta}_1, \hat{\beta}_2, \cdots, \hat{\beta}_k$ 是参数 $\beta_0, \beta_1, \beta_2, \cdots, \beta_k$ 的估计值;$\hat{y}$ 是因变量 y 的估计值。其中的 $\hat{\beta}_0, \hat{\beta}_1, \hat{\beta}_2, \cdots, \hat{\beta}_k$ 称为偏回归系数。$\hat{\beta}_1$ 表示当 $x_2, \cdots, x_k$ 不变时,x_1 每变动一个单位,因变量 y 的平均变

动量；$\hat{\beta}_2$ 表示当 $x_1, x_3, \cdots, x_k$ 不变时，x_2 每变动一个单位，因变量 y 的平均变动量；其余偏回归系数的含义类似。

7.2.2 回归方程的系数估计

回归方程的参数估计主要采用最小二乘法（OLS），最小二乘法估计回归方程的步骤如下：

（1）确定要估计的统计量。这个统计量通常是自变量和因变量之间关系的函数。主要是回归方程模型中的各个自变量前面的回归系数。

（2）确定回归方程。回归方程是一种用来建立自变量和因变量之间关系的数学方程，通常形式为 $y=a+bx$，其中 y 是因变量，x 是自变量，a 和 b 是回归系数。这是基本的一元线性回归的形式，增加自变量的个数可发展为多元线性回归。

（3）计算回归系数。最小二乘法的目标是找到一个函数的最小值，这个函数通常是我们要估计的统计量的函数。对于一元线性回归，我们可以通过最小二乘法来计算回归系数 a 和 b 的值，最小二乘法的计算思路是最小化回归方程的预测值 y hat 与样本中真实 y 值的差的平方和。多元回归的思路与一元回归相同，将自变量的值代入回归方程可以得到预测值 y hat，然后用 ($y-y$ hat) 的平方最小来确定各自变量前的回归系数。

（4）对估计的回归方程进行评估。通过最小二乘法计算的回归系数能使得回归方程中的预测因变量与样本观察因变量的差值的平方最小，但是估计的回归方程是否优良需要进一步的检验，主要有三方面的检验：拟合优度检验、方程线性关系显著性检验、回归系数的显著性检验。

7.2.3 多元线性回归中自变量的选择

在多元回归分析中，由于被解释变量会受众多因素的共同影响，需要由多个解释变量解释，于是会出现诸如此类的问题：多个变量是否都能够进入线性回归模型、解释变量应以怎样的策略和顺序进入方程、方程中多个解释变量之间是否存在多重共线性等。

在多元线性回归分析中，模型中应引入多少解释变量是需要重点研究的。如果引入的变量较少，回归方程可能无法很好地解释说明被解释变量的变化。但是也并非引入的变量越多越好，如果这些变量之间存在多重共线性，引入的变量越多，回归方程就越难通过拟合优度检验、方程线性关系显著性检验和回归系数的显著性检验等三项检验。因此有必要采取一些策略对将自变量引入回归方程加以控制和筛选，要考虑新自变量的引入对回归方程的作用，这种作用的衡量可以通过赤池信息量准则（Akaike Information Criterion）来判断。多元回归分析的实际操作中，变量的筛选一般有向前筛选、向后筛选、逐步筛选三种基本策略。

7.3　回归分析在农林经济管理中的应用

7.3.1　回归分析在农林经济管理中的应用方向

回归分析在农林经济管理研究中应用广泛，包括：

农产品价格预测：通过回归分析可以建立农产品价格与相关因素（如生产成本、市场需求、政策影响等）之间的关系模型，以农产品的价格为因变量，以影响农产品价格的因素为自变量，进行回归分析，从而识别出研究期间内影响农产品价格的主要因素是哪些，哪些因素作用不显著，从而预测未来农产品价格的变动趋势。还可以使用回归分析来研究粮食价格与气候变化、市场供求之间的关系，进而预测未来粮食价格的波动情况。

农业生产效率分析：回归分析可以用于评估不同因素对农业生产效率的影响。例如，可以将农业生产效率作为因变量，将可能影响农业生产效率的因素，如土地利用、劳动力投入、农业技术等因素作为自变量，通过回归分析确定不同因素对农业生产效率的贡献程度，并提出相应的政策建议。

农业政策评估：回归分析可以用于评估不同农业政策对农业经济的影响。例如，我们想了解农业补贴的作用，可以将农业补贴作为核心解释变量，再加入相应的控制变量，使用回归分析来研究农业补贴政策对农产品产量、农民收入、农业就业等方面的影响，从而评估政策的效果，并提出改进政策的建议。

农业投资分析：回归分析可以用于研究农业投资与农业经济增长之间的关系。例如，将农业投资作为核心解释变量使用回归分析来研究农业投资对农业总产出、农民收入、农业就业等方面的影响，从而评估农业投资的回报率，为农业投资决策提供参考。

总之，回归分析在农林经济管理的研究中不仅可以应用于价格预测、生产效率分析、政策评估和投资分析等方面，还可以通过建立数学模型，揭示不同因素之间的关系，为农林经济管理多方面的研究提供科学的研究思路和实证方法。

7.3.2　回归分析在农林经济管理中的应用案例

农村居民家庭收入的影响因素较多，如果能够通过统计分析识别出哪些因素对农村居民家庭收入有显著影响，哪些因素对其影响不显著，那么就可以发挥显著影响因素的作用以推动农村居民家庭收入的增加。为此，研究人员对云南农村地区进行了调研，通过问卷调查的形式获得了30多项指标变量。为了能更好地识别影响农村居民家庭收入的因素，需要选择合适的统计分析方法。回归分析能够较好地识别解释变量对被解释变量的影响，所以选择回归分析法分析农村居民家庭收入的影响因素。首先要确定因变量和自变量（被解释变量和解释变量）。农村居民家庭收入是研究的重要对象，是因变量；自变量的选择不能随意，通过文献研究和对典型农村居民家庭进行深度访谈等方式确定了 4 个变量作为解释变量。相关数据如表 7-1 所示。

表 7-1　农村家庭总收入的影响因素

农村家庭总收入（元）	家庭成员最高学历	家庭耕地面积（亩）	从事农产业人数	家庭成员人数	农村家庭总收入（元）	家庭成员最高学历	家庭耕地面积（亩）	从事农产业人数	家庭成员人数
6000	6	6	2	3	8900	9	8	3	5
6000	6	6	2	3	8900	16	9	3	5
6100	6	6	2	3	8900	12	8	2	4
6200	6	6	2	3	8900	9	8	3	5
6800	6	6	3	4	8950	12	10	3	6
6900	6	6	3	4	9000	16	9	3	5
7000	9	9	4	6	9000	16	9	4	4
7100	9	9	4	6	9000	12	10	3	6
7500	6	6	2	3	9000	16	9	4	5
7500	6	6	2	4	9000	12	9	3	5
7600	6	6	2	4	9000	16	9	4	4
7600	6	6	2	3	9000	16	9	4	4
7900	12	8	3	5	9100	16	9	4	5
8000	12	8	3	5	9200	16	9	4	4
8000	9	9	3	4	9300	16	9	3	4
8000	9	8	3	4	9400	16	9	3	4
8100	9	8	3	4	9400	12	9	4	5
8150	9	9	3	4	9400	12	8	3	4
8800	12	8	2	4	9500	12	9	4	5
8900	12	9	3	5	9500	12	8	3	4

本案例使用回归分析探究影响云南农村居民家庭收入的因素和各因素影响程度，即要分析多个自变量对一个因变量的影响。通过回归分析，我们可以更好地理解和解释农村居民家庭收入的影响机制，为提出有效的政策建议提供依据。案例中的因变量是农村家庭的总收入，自变量有 4 个。家庭成员最高学历（X_1）：指家庭所有成员中，具有最高受教育程度的那个人的学历水平，如小学、初中、高中、大专、本科等，反映了家庭的人力资本水平；家庭耕地面积（X_2）：指家庭拥有或承包的可用于种植农作物的土地面积，反映了家庭的生产资本水平；从事农产业人数（X_3）：指家庭中有多少成员从事与农业相关的产业活动，如种植、养殖、加工、销售等，反映了家庭的劳动力投入水平；家庭成员人数（X_4）：指家庭中共有多少成员，包括在外务工或就学的成员，反映了家庭的规模和消费水平。

由表 7-2 中可知，农村家庭总收入的最小值为 6000 元，最大值为 9500 元，平均值为 8262.5 元，标准差为 1070.93 元。这说明农村家庭总收入的分布比较集中，没有很大的差异，而且大部分家庭的收入都高于平均值。家庭成员最高学历的最小值为 6 年，最大值为 16 年，平均值为 10.90 年，标准差为 3.733 年。这说明农村家庭成员的受教育程度比较高，有一半以上的家庭成员都有高中以上的学历。家庭耕地面积的最小值为 6 亩，最大值为 10 亩，平均值为 8.05 亩，标准差为 1.300 亩。这说明农村家庭的耕地面积比较稳定，没有很大的波动，而且大部分家庭的耕地面积接近平均值。从事农产业人数的最小值为 2 人，最大值为 4 人，平均值为 3 人，标准差为 0.716 人。这说明农村家庭从事农产业的人口比例比较高，有 80% 以上的家庭有 3 人或以上从事农产业。

表 7-2　农村家庭总收入的分布

名称	样本量	最小值	最大值	平均值	标准差
农村家庭总收入（元）	20	6000	9500	8262.50	1070.93
家庭成员最高学历（年）	20	6	16	10.90	3.733
家庭耕地面积（亩）	20	6	10	8.05	1.300
从事农产业人数	20	2	4	3.00	0.716
家庭成员人数	20	3	6	4.30	0.864

1．使用 SPSS 进行回归分析

（1）一元线性回归的操作步骤。

第一步：将整理好的 Excel 数据导入 SPSS 中。

第二步：点击［分析］→［回归］→［线性］，如图 7-1 所示。

图 7-1　一元线性回归的操作步骤（1）

第三步：选择被解释变量进入［因变量］框，选择一个解释变量进入［自变量］框，如图 7-2 所示。

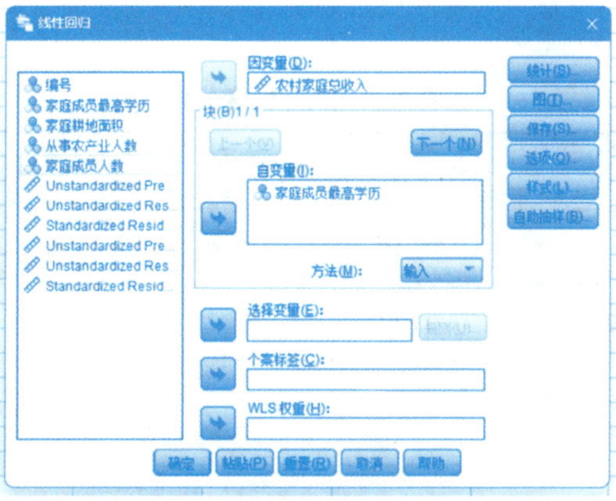

图 7-2　一元线性回归的操作步骤（2）

第四步：点击［统计］，勾选里面的共线性诊断。另外，在右侧菜单栏里有多种功能的选项可供选择。点击［继续］后保存选择内容，如图 7-3 所示。

图 7-3　一元线性回归的操作步骤（3）

第五步：点击［图］，勾选［标准化残差图］框里的直方图，在 Y 轴放入回归标准化残差，在 X 轴放入回归标准化预测值，该步骤可以得到残差分析的图表，如图 7-4 所示。

图 7-4　一元线性回归的操作步骤（4）

全部设置完成后点击［确定］，即可输出结果，结果如表 7-3 所示。

1）拟合优度分析。

表 7-3　拟合优度分析

模型摘要				
模型	R	R^2	调整后 R^2	标准估算的错误
1	0.804842	0.647771	0.638501	643.893996
a.预测变量：（常量），家庭成员最高学历				
b.因变量：农村家庭总收入				

注：这些表中出现的 a、b、c 是 SPSS 软件生成的表中自带的，有注释的作用。为了保持学生在软件操作时能得到和表中一样的结果，保留在此。下同。

各列数据项的含义依次为：被解释变量和解释变量的复相关系数、判定系数 R^2、调整后的判定系数 R^2、回归方程的标准估计误。依据表 7-3 可进行拟合优度检验。由于调整后的判定系数为 0.6385，因此认为拟合优度较高，被解释变量可以被模型解释的部分较多，未能被解释的部分较少，模型建设合理。

2）方差分析。

表 7-4　方差分析

ANOVA						
模型		平方和	自由度	均方差	F	显著性
1	回归	28973969.83	1	28973969.830	69.84	0.000
	残差	15754780.172	38	414599.478		
	总计	44728750.00	39			
a.因变量：农村家庭总收入						
b.预测变量：（常量），家庭成员最高学历						

表 7-4 中各列数据项的含义依次为：被解释变量的变差来源、离差平方和、自由度、均方差、回归方程显著性检验中 F 统计量的观测值和概率 p 值。依据表 7-4 可进行回归方程的线性关系显著性检验。表 7-4 中最重要的是 F 统计量的观测值和它的伴随概率。F 统计量的值越大，它的伴随概率就越小，如果伴随概率的值小于设定的显著性水平（一般为 0.05），那么就可以断定回归方程的线性关系是显著的。表 7-4 中 F 统计量的观测值为 69.84，概率 p 值近似为 0，小于 0.05，所以方程的线性关系是显著的。

3)回归系数分析。

表 7-5 回归系数分析

模型		未标准化系数		标准化系数	t	显著性	B 的 95.0% 置信区间		相关性		
		B	标准误	Beta			下限	上限	零阶	偏	部分
1	（常量）	5746.036	317.774		18.082	0.000	5102.735	6389.336			
	家庭成员最高学历	230.868	27.617	0.805	8.360	0.000	174.961	286.776	0.805	0.805	0.805

a. 因变量：农村家庭总收入

表 7-5 中各列数据项的含义依次为：偏回归系数、偏回归系数的标准误、标准化偏回归系数、回归系数显著性检验中 t 统计量的观测值、概率 p 值、置信区间以及相关性。回归系数主要是估算回归方程中解释变量的回归系数，同时也可以判断回归系数是否显著（如果不显著，说明该回归系数等于 0）。表 7-5 所示的一元线性回归有两个回归系数，一个是常数项 5746.036，另一个是解释变量（家庭成员最高学历）的回归系数 230.868。家庭成员最高学历的回归系数为正，说明它对农村居民家庭收入有正向影响，即家庭成员最高学历越高，农村居民家庭收入越高。常数项和家庭成员最高学历的回归系数的 t 统计量的显著性接近于 0，小于 0.05，是显著的。所以，家庭成员最高学历对农村居民家庭收入有正向影响，且这种影响具有统计上的显著性。我们可以简称为：家庭成员最高学历对农村居民家庭收入有显著的正向影响。

4）残差分析。

表 7-6 是利用 SPSS 软件给出回归的残差统计量，这些统计量主要反映残差的情况。残差越小说明回归的模型越好。

表 7-6 残差统计

	最小值	最大值	平均值	标准偏差	个案数
预测值	7131.25	9439.93	8262.50	861.929	40
残差	−1131.245	1076.150	0.000	635.585	40
标准预测值	−1.312	1.366	0.000	1.000	40
标准残差	−1.757	1.671	0.000	0.987	40

a. 因变量：农村家庭总收入

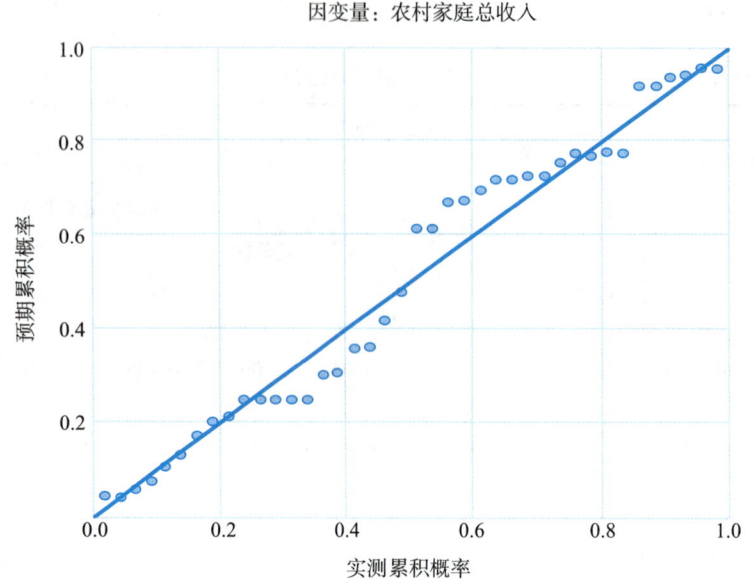

图 7-5　标准化残差的标准 P-P 图

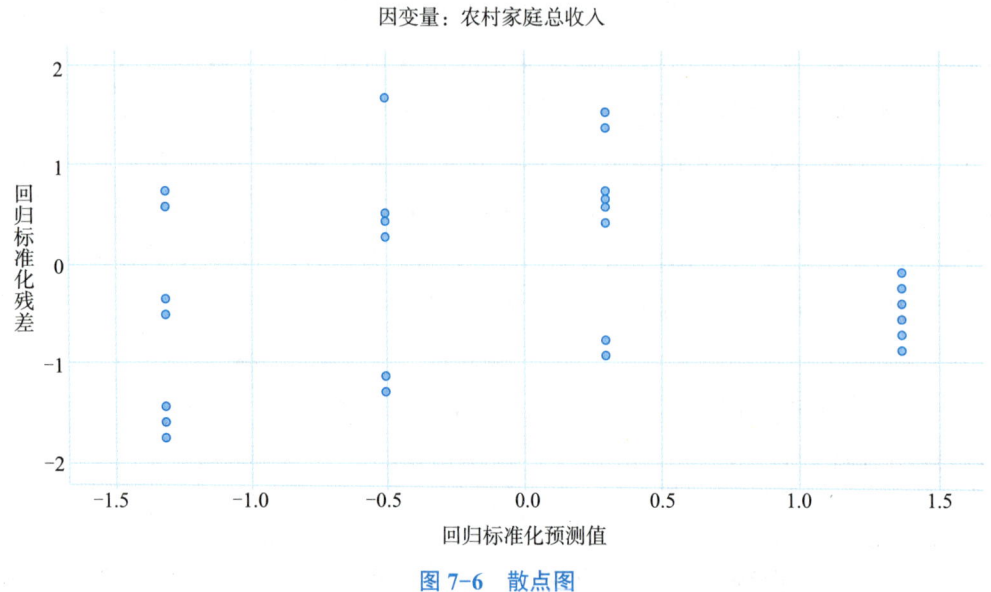

图 7-6　散点图

由图 7-5 中标准化残差的标准 P-P 图可以看出，数据点围绕基准线存在一定的规律性，可以认为残差满足了模型的前提要求。在图 7-6 回归标准化残差的散点图中，随着标准化预测值的变化，残差点在 0 线周围随机分布并无特异点，因此也可认为残差符合建立模型独立同分布的要求。

综上可得模型公式为：农村家庭总收入 =5746.036+230.868 × 家庭成员最高学历，家庭成员最高学历对农村家庭总收入产生显著的正向影响。

（2）多元线性回归的操作步骤。

前面数个步骤与一元线性回归模型的步骤相同，在放入［自变量］时，可选择多个数据放入，并在［统计］菜单栏选择共线性诊断。输出结果见表7-7。

1）拟合优度分析。

表 7-7　多元线性回归模型的步骤

模型摘要				
模型	R	R^2	调整后 R^2	标准估算的错误
1	0.833	0.694	0.659	625.143
a. 预测变量：(常量)，家庭成员人数，家庭成员最高学历，从事农产业人数，家庭耕地面积				
b. 因变量：农村家庭总收入				

同一元线性回归结果，表7-7可以进行拟合优度检验，由于该方程有多个解释变量，因此应参考调整后的判定系数。由于调整后的判定系数为0.659，较接近于1，因此认为拟合优度较高，被解释变量可以被模型解释的部分较多，未能被解释的部分较少。

2）方差分析。

表 7-8　方差分析

ANOVA						
模型		平方和	自由度	均方差	F	显著性
1	回归	31050606.121	4	7762651.530	19.863	0.000[b]
	残差	13678143.879	35	390804.111		
	总计	44728750.000	39			
a. 因变量：农村家庭总收入						
b. 预测变量：(常量)，家庭成员人数，家庭成员最高学历，从事农产业人数，家庭耕地面积						

F检验统计量的观测值为19.863，概率p值近似为0。依据表7-8可进行回归方程的显著性检验。如果显著性水平为0.05，由于概率p值小于0.05，应拒绝回归方程显著性检验的原假设，认为各回归系数不同时为0，被解释变量与解释变量全体的线性关系是显著的，可建立线性模型。

3）回归系数分析。

表 7-9　回归系数分析

模型		未标准化系数		标准化系数 Beta	t	显著性	B 的 95.0% 置信区间		相关性			共线性统计	
		B	标准误				下限	上限	零阶	偏	部分	容差	VIF
1	（常量）	4475.708	710.772		6.297	0.000	3032.763	5918.652					
	家庭成员最高学历	168.972	49.668	0.589	3.402	0.002	68.141	269.803	0.805	0.499	0.318	0.291	3.431
	家庭耕地面积	319.583	185.942	0.388	1.719	0.094	−57.899	697.064	0.754	0.279	0.161	0.172	5.830
	从事农产业人数	−226.326	207.970	−0.151	−1.088	0.284	−648.527	195.875	0.505	−0.181	−0.102	0.452	2.213
	家庭成员人数	11.801	186.431	0.010	0.063	0.950	−366.675	390.277	0.430	0.011	0.006	0.386	2.588

a.因变量：农村家庭总收入

与一元线性回归相比，多元线性回归的系数表多出了解释变量的容忍度和方差膨胀因子。依据表 7-9 可以进行回归系数显著性检验，写出回归方程和检测多重共线性。可以看出，如果显著性水平为 0.05，家庭成员最高学历的 t 检验概率 p 值小于 0.05，拒绝原假设；如果显著性水平为 0.1，家庭耕地面积的 t 检验概率 p 值小于 0.1，拒绝原假设；而其余两个变量的 t 检验概率 p 值大于 0.1，不应拒绝原假设，它们与被解释变量的线性关系是不显著的，应从模型中剔除。从容忍度和方差膨胀因子看，各变量 VIF 值全部小于 10，说明不存在多重共线性。

4）共线性检验。

表 7-10　共线性检验

共线性检验 a								
模型	维	特征值	条件指标	方差比例				
				（常量）	家庭成员最高学历	家庭耕地面积	从事农产业人数	家庭成员人数
1	1	4.899	1.000	0.00	0.00	0.00	0.00	0.00
	2	0.060	9.022	0.07	0.33	0.00	0.00	0.03
	3	0.022	14.896	0.31	0.10	0.00	0.52	0.05
	4	0.016	17.529	0.19	0.02	0.01	0.47	0.44
	5	0.003	38.805	0.43	0.55	0.99	0.01	0.48

a.因变量：农村家庭总收入

各列数据项的含义依次为：特征值、条件指标、各特征值解释各解释变量的方差比（各列比例之和等于 1）。依据表 7-10 可进行多重共线性检测。从方差比来看，第 5 个因素能够解释家庭耕地面积 99% 以及家庭成员人数 48%，存在一定的共线性，同时 3、4、5 的条件指数全都大于 10，说明变量间存在一定的共线性。

5）变量筛选。

由上述分析可知，回归模型存在一定不可忽视的问题，应建立更优的回归方程。因此，使用向后筛选的策略使用 SPSS 完成解释变量的筛选，观测每一步的变化情况并进行残差分析。第一次将四个解释变量全部加入得到模型的拟合优度（$R^2=0.659$），第二次去掉解释变量（家庭成员人数）后得到回归的拟合优度（$R^2=0.669$），第三次再去掉一个解释变量（从事农产业人数）后得到回归的拟合优度（$R^2=0.666$），结果如表 7-11 所示。

表 7-11　模型摘要

模型	R	R^2	调整后 R^2	标准估算的错误
1	0.833[a]	0.694	0.659	625.143
2	0.833[b]	0.694	0.669	616.435
3	0.827[c]	0.684	0.666	618.510

a. 预测变量：（常量），家庭成员人数，家庭成员最高学历，从事农产业人数，家庭耕地面积

b. 预测变量：（常量），家庭成员最高学历，从事农产业人数，家庭耕地面积

c. 预测变量：（常量），家庭成员最高学历，家庭耕地面积

因变量：农村家庭总收入

利用向后筛选策略经过 3 步完成回归方程的建立，最终方程为第 3 个模型。从方程建立的过程看，随着解释变量的不断减少，方程的拟合优度下降了。这不仅说明了判定系数的自身特性，同时也说明建立回归方程并不是以追求高拟合优度为唯一目标，还要重点考察解释变量是否对被解释变量有贡献。依次剔除出方程的变量是家庭成员人数、从事农产业人数。如果显著性水平为 0.05，可以看到这些被剔除变量的偏 F 检验的概率 p 值均大于显著性水平，因此均不能拒绝检验的原假设，这些变量的偏回归系数与零无显著差异，它们对被解释变量的线性解释没有显著贡献，不应保留在方程中。最终保留在方程中的变量是家庭耕地面积、家庭成员最高学历。

表 7-12　ANOVA

模型		平方和	自由度	均方差	F	显著性
1	回归	31050606.121	4	7762651.530	19.863	0.000[a]
	残差	13678143.879	35	390804.111		
	总计	44728750.000	39			

续表

模型		平方和	自由度	均方差	F	显著性
2	回归	31049040.303	3	10349680.101	27.237	0.000[b]
	残差	13679709.697	36	379991.936		
	总计	44728750.000	39			
3	回归	30574243.603	2	15287121.801	39.961	0.000[c]
	残差	14154506.397	37	382554.227		
	总计	44728750.000	39			

因变量：农村家庭总收入

a. 预测变量：（常量），家庭成员人数，家庭成员最高学历，从事农产业人数，家庭耕地面积

b. 预测变量：（常量），家庭成员最高学历，从事农产业人数，家庭耕地面积

c. 预测变量：（常量），家庭成员最高学历，家庭耕地面积

表 7-12 中，第三个模型的 F 检验统计量的观测值为 39.961，概率 p 值近似为 0，因此线性模型是合理的。

表 7-13 系数

| 模型 | | 未标准化系数 | | 标准化系数 | t | 显著性 | B 的 95.0% 置信区间 | | 相关性 | | | 共线性统计 | |
		B	标准误				下限	上限	零阶	偏	部分	容差	VIF
1	（常量）	4475.708	710.772		6.297	0.000	3032.763	5918.652					
	家庭成员最高学历	168.972	49.668	0.589	3.402	0.002	68.141	269.803	0.805	0.499	0.318	0.291	3.431
	家庭耕地面积	319.583	185.942	0.388	1.719	0.094	−57.899	697.064	0.754	0.279	0.161	0.172	5.830
	从事农产业人数	−226.326	207.970	−0.151	−1.088	0.284	−648.527	195.875	0.505	−0.181	−0.102	0.452	2.213
	家庭成员人数	11.801	186.431	0.010	0.063	0.950	−366.675	390.277	0.430	0.011	0.006	0.386	2.588
2	（常量）	4472.124	698.644		6.401	0.000	3055.208	5889.039					
	家庭成员最高学历	167.587	43.964	0.584	3.812	0.001	78.424	256.750	0.805	0.536	0.351	0.362	2.765
	家庭耕地面积	327.178	140.062	0.397	2.336	0.025	43.120	611.237	0.754	0.363	0.215	0.294	3.402
	从事农产业人数	−223.368	199.827	−0.149	−1.118	0.271	−628.635	181.900	0.505	−0.183	−0.103	0.476	2.102
3	（常量）	4455.727	700.841		6.358	0.000	3035.688	5875.766					
	家庭成员最高学历	160.106	43.598	0.558	3.672	0.001	71.768	248.443	0.805	0.517	0.340	0.370	2.701
	家庭耕地面积	256.102	125.217	0.311	2.045	0.048	2.389	509.815	0.754	0.319	0.189	0.370	2.701

a. 因变量：农村家庭总收入

表 7-13 中，第 3 个方程为最终的模型方程，其回归系数显著性检验的概率 p 值皆小于 0.05，因此家庭成员最高学历、家庭耕地面积与被解释变量间的线性关系显著，模型是合理的。最终的回归方程是，农村家庭总收入 =4455.727+160.106 × 家庭成员最高学历 + 256.102 × 家庭耕地面积。

6）残差分析。

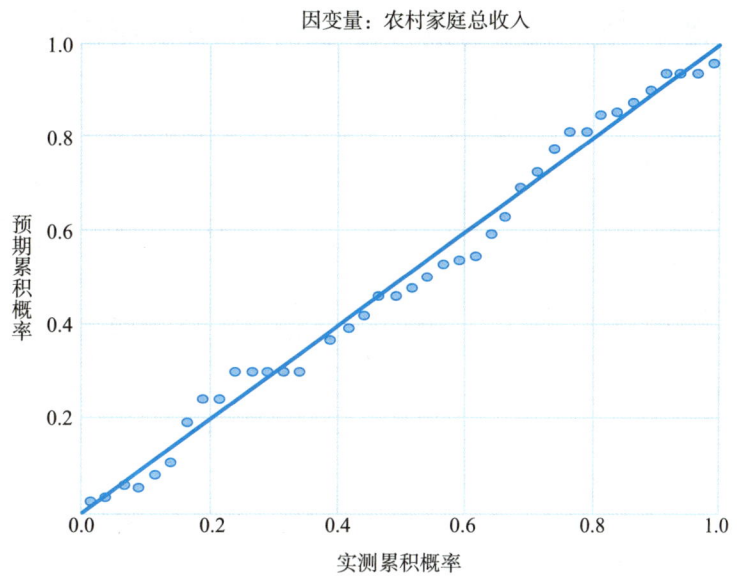

图 7-7　标准化残差的标准 P-P 图

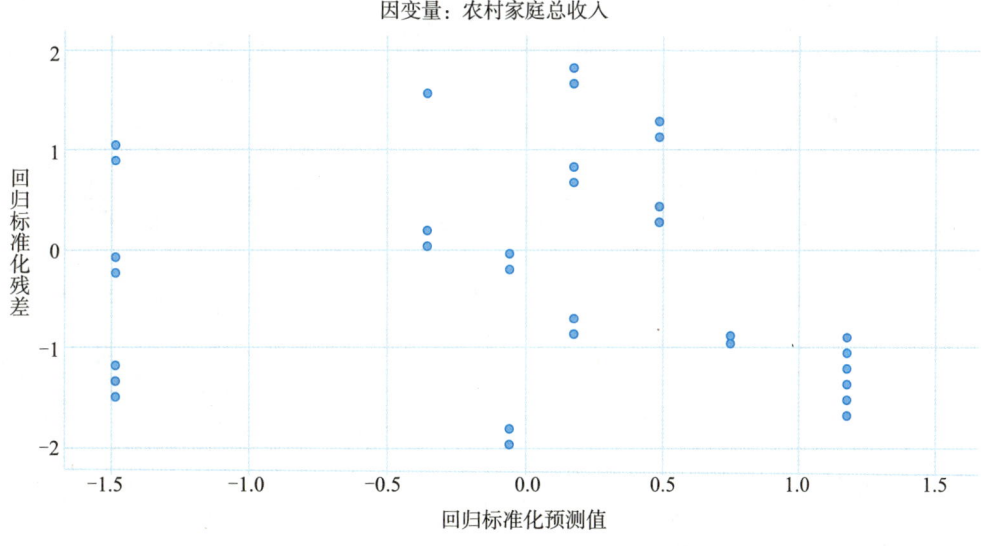

图 7-8　散点图

同一元线性回归，从图 7-7 中可以看出，数据点围绕基准线存在一定的规律性，可以认为残差满足了模型的前提要求。同时，在图 7-8 中，随着标准化预测值的变化，残差点在 0 线周围随机分布并无特异点，该模型建立合理。

2. 使用 STATA 进行回归分析

STATA 提供了丰富的回归分析工具和选项，可以根据具体需求进行分析和解释。

（1）一元线性回归模型的操作步骤。

第一步：将整理好的 Excel 数据导入 STATA 中，如图 7-9 所示；并修改好变量名，如图 7-10 所示。

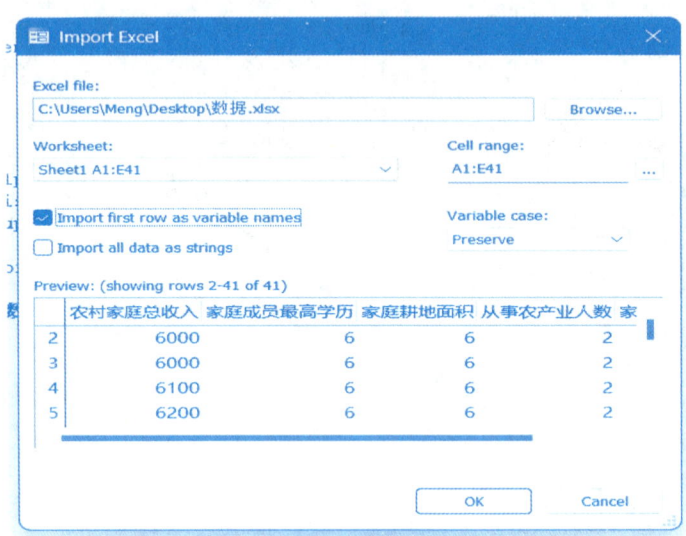

图 7-9　数据导入

图 7-10　修改变量名称

第二步：在界面下方的［Command］对话框中输入代码：

regress dependent_variable independent_variable

"dependent_variable" 替换因变量（被解释变量），"independent_variable" 替换自变量（解释变量）。

```
regress y x1    //y是因变量，x1是自变量
```

也可以打开 Do-file Editor，在对话框中输入上述代码，运行即可得出结果。

第三步：输入代码：rvfplot。可获得回归模型的残差图。

一元线性回归的结果如图 7-11 所示。

Source	SS	df	MS		Number of obs	=	40
					F(1, 38)	=	69.88
Model	28973969.8	1	28973969.8		Prob > F	=	0.0000
Residual	15754780.2	38	414599.478		R-squared	=	0.6478
					Adj R-squared	=	0.6385
Total	44728750	39	1146891.03		Root MSE	=	643.89

Y	Coef.	Std. Err.	t	P>|t|	[95% Conf. Interval]	
X1	230.8683	27.61688	8.36	0.000	174.9608	286.7757
_cons	5746.036	317.7742	18.08	0.000	5102.735	6389.336

图 7-11 一元线性回归结果

图上半部分为方差分析表，包括回归平方和、残差平方和、均方差、F 检验等。上半部分右侧给出拟合优度 R^2 和调整的 R^2。Root MSE 表示方程的标准误差。图下半部分为回归系数的点估计和区间估计值、标准误和 t 检验值。

判定系数为 0.6385，拟合优度较高，被解释变量可以被模型解释的部分较多，未能被解释的部分较少，模型合理。F 检验统计量的观测值为 69.88，概率 p 值近似为 0。如果显著性水平为 0.05，由于概率 p 值小于显著性水平，可得解释变量与被解释变量具有显著的线性关系，可建立线性模型。t 检验值概率 p 值近似为 0，若显著性水平为 0.05，则 p<0.05 拒绝原假设，解释变量对被解释变量可造成显著影响。由上述分析可得回归方程为：农村家庭总收入 = 5746.036+230.8683×家庭成员最高学历。

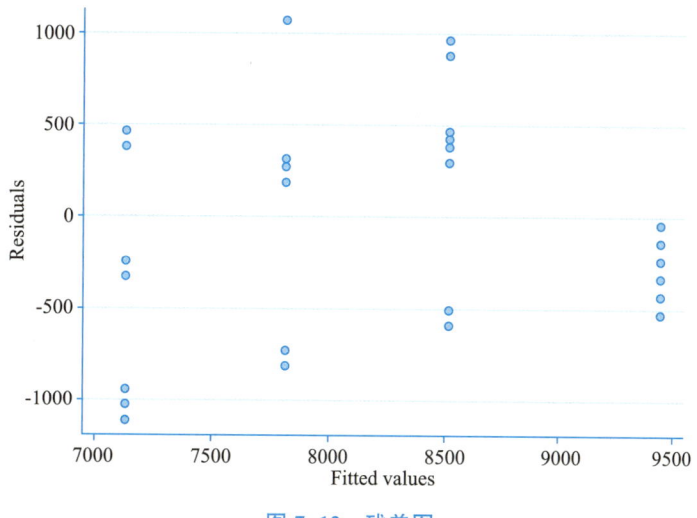

图 7-12 残差图

由图7-12可以看出，残差点在0线周围随机分布并无特异点，因此可认为残差符合建立模型要求，回归结果可靠。

（2）多元线性回归模型的操作步骤。

1）STATA中多元线性回归模型。

第一步：将整理好的Excel数据导入STATA中，并修改好变量名。

第二步：在界面下方的［Command］对话框中输入代码：

$$\text{regress y x1 x2 x3 x4}$$

也可以打开Do-file Editor，在对话框中输入上述代码，运行即可得出结果。

第三步：通过命令［VIF］计算自变量的方差膨胀因子，并使用［correlate］命令计算自变量之间的相关系数矩阵。

第四步：输入代码：rvfplot。可获得回归模型的残差图。

［Enter］后可得出回归及检验的结果，如图7-13所示。

Source	SS	df	MS		
Model	31050606.1	4	7762651.53	Number of obs =	40
Residual	13678143.9	35	390804.111	F(4, 35) =	19.86
				Prob > F =	0.0000
				R-squared =	0.6942
				Adj R-squared =	0.6592
Total	44728750	39	1146891.03	Root MSE =	625.14

Y	Coef.	Std. Err.	t	P>|t|	[95% Conf. Interval]	
X1	168.9721	49.66797	3.40	0.002	68.14075	269.8034
X2	319.5828	185.9416	1.72	0.094	-57.89864	697.0642
X3	-226.326	207.9697	-1.09	0.284	-648.527	195.8749
X4	11.80076	186.4314	0.06	0.950	-366.6751	390.2766
_cons	4475.708	710.7725	6.30	0.000	3032.763	5918.652

图7-13 回归及检验结果

分析结果构成同一元线性回归，由于该方程有多个解释变量，因此应参考Adj R-squared。Adj R-squared（0.6592）较接近于1，拟合优度较高，模型设定合理。F检验统计量的观测值为19.86，概率p值近似为0。显著性水平为0.05，由于概率p值小于显著性水平，应拒绝回归方程显著性检验的原假设，解释变量全体与被解释变量有较强的线性关系，可建立线性模型。

Variable	VIF	1/VIF
X2	5.83	0.171522
X1	3.43	0.291425
X4	2.59	0.386392
X3	2.21	0.451782
Mean VIF	3.52	

图7-14 方差膨胀因子（VIF）

图7-14所示方差膨胀因子是STATA软件通过轮流用4个自变量中的1个作为因变量，其他3个作为自变量测算的方差膨胀因子，主要是对回归模型是否存在多重共线性进行检验。一般情况下，方差膨胀因子（VIF）小于10时说明不存在多重共线性。在多重共线性检验中，4项自

变量的 VIF 值分别为 5.83、3.43、2.59、2.21，说明不存在多重共线性。

在回归分析中，我们希望因变量与各个自变量有较高的相关性，自变量之间的相关性弱。自变量之间的相关性强，出现多重共线性的可能性也会提高。图 7-15 展示了变量间的相关系数矩阵，从中可以看出自变量之间的相关系数没有特别高的值。

	Y	X1	X2	X3	X4
Y	1.0000				
X1	0.8048	1.0000			
X2	0.7538	0.7936	1.0000		
X3	0.5049	0.6330	0.7162	1.0000	
X4	0.4303	0.3928	0.7148	0.5803	1.0000

图 7-15　变量的相关系数矩阵

根据图 7-13 可知，在显著性水平为 0.05 时，$X1$ 的 t 检验概率 p 值小于 0.05，说明 $X1$ 的回归系数在 5% 的显著性水平下是显著的；$X2$ 的 t 检验概率 p 值小于 0.1，说明 $X2$ 的回归系数在 10% 的显著性水平下是显著的；而其余两个变量 $X3$ 和 $X4$ 的 t 检验概率 p 值大于 0.1，是不显著的，在更进一步的分析中可以考虑从模型中剔除。

由上述分析可得回归方程为：$Y=168.9721X1+319.5828X2-226.326X3+11.80076X4+4475.708$。用观测的 Y 值与回归得到的预测 Y 值作差，可以得到残差。在图 7-16 残差分布中，随着标准化预测值的变化，残差点在 0 线周围随机分布并无特异点，该模型建立合理。

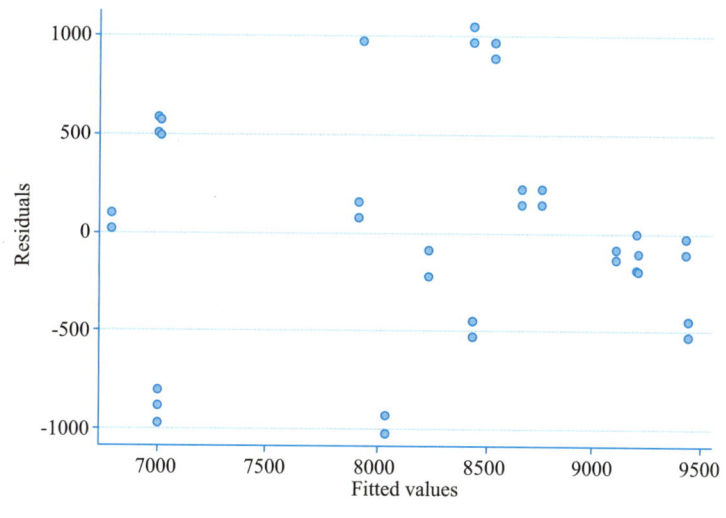

图 7-16　残差分布图

2）STATA 中多元线性回归模型的逐步回归。

在界面下方的 [Command] 对话框中输入代码，也可以打开 Do-file Editor，在对话框中输入代码：

前进法：sw reg Y X1-X4，pr（0.05）//pr 是剔除变量的 p 值。

后退法：sw reg Y X1-X4，pe（0.05）//pe 是选入变量的 p 值。

逐步法：同时选用 pr 和 pe，为避免计算进入死循环，pr 需略大于 pe；后退法善于发现联合作用比较强的自变量，而前进法善于发现独立作用比较强的自变量。

[Enter]后可得出回归及检验的结果,结果如图7-17至图7-19所示。

```
. sw reg Y X1-X4, pr(0.05)
                begin with full model
p = 0.9499 >= 0.0500  removing X4
p = 0.2711 >= 0.0500  removing X3
```

Source	SS	df	MS		Number of obs	=	40
					F(2, 37)	=	39.96
Model	30574243.6	2	15287121.8		Prob > F	=	0.0000
Residual	14154506.4	37	382554.227		R-squared	=	0.6835
					Adj R-squared	=	0.6664
Total	44728750	39	1146891.03		Root MSE	=	618.51

Y	Coef.	Std. Err.	t	P>|t|	[95% Conf. Interval]	
X1	160.1058	43.59785	3.67	0.001	71.76815	248.4434
X2	256.1018	125.2166	2.05	0.048	2.388821	509.8149
_cons	4455.727	700.8409	6.36	0.000	3035.688	5875.766

图7-17 前进法筛选变量的结果

```
. sw reg Y X1-X4, pe(0.05)
                begin with empty model
p = 0.0000 < 0.0500  adding X1
p = 0.0480 < 0.0500  adding X2
```

Source	SS	df	MS		Number of obs	=	40
					F(2, 37)	=	39.96
Model	30574243.6	2	15287121.8		Prob > F	=	0.0000
Residual	14154506.4	37	382554.227		R-squared	=	0.6835
					Adj R-squared	=	0.6664
Total	44728750	39	1146891.03		Root MSE	=	618.51

Y	Coef.	Std. Err.	t	P>|t|	[95% Conf. Interval]	
X1	160.1058	43.59785	3.67	0.001	71.76815	248.4434
X2	256.1018	125.2166	2.05	0.048	2.388821	509.8149
_cons	4455.727	700.8409	6.36	0.000	3035.688	5875.766

图7-18 后退法筛选变量的结果

```
. sw reg Y X1-X4, pr(0.051) pe(0.05)
                begin with full model
p = 0.9499 >= 0.0510  removing X4
p = 0.2711 >= 0.0510  removing X3
```

Source	SS	df	MS		Number of obs	=	40
					F(2, 37)	=	39.96
Model	30574243.6	2	15287121.8		Prob > F	=	0.0000
Residual	14154506.4	37	382554.227		R-squared	=	0.6835
					Adj R-squared	=	0.6664
Total	44728750	39	1146891.03		Root MSE	=	618.51

Y	Coef.	Std. Err.	t	P>|t|	[95% Conf. Interval]	
X1	160.1058	43.59785	3.67	0.001	71.76815	248.4434
X2	256.1018	125.2166	2.05	0.048	2.388821	509.8149
_cons	4455.727	700.8409	6.36	0.000	3035.688	5875.766

图7-19 逐步法筛选变量的结果

以上分别为前进法、后退法、逐步法三种方法筛选变量的结果，可以看出三种方法都保留了 $X1$ 与 $X2$ 变量，筛选后模型的 F 检验量为 39.96，概率 p 值近似为 0，因此线性模型是合理的。

```
Variable  |    VIF      1/VIF

      X1  |   2.70    0.370240
      X2  |   2.70    0.370240

Mean VIF  |   2.70
```

图 7-20　筛选后的最终模型

在图 7-20 中，对筛选后的模型进行共线性检验，$X1$、$X2$ 变量的 VIF 皆为 2.7，共线性较低，模型变量选择合理。因此该模型为最终模型，其回归系数显著性检验的概率 p 值皆小于显著性水平，家庭成员最高学历、家庭耕地面积与被解释变量间的线性关系显著。最终的回归方程是，农村家庭总收入 =4455.727+160.106×家庭成员最高学历 + 256.102×家庭耕地面积。

7.4　思考与练习

一、思考题

1. 进行回归分析时为什么要先做相关性分析？
2. 最小二乘法的原理是什么？
3. 多元线性回归的拟合优度检验应该使用 R^2 还是调整的 R^2？为什么？
4. 多重共线性产生的原因是什么？如何诊断多重共线性，当出现多重共线性问题时如何处理？
5. 方程线性关系显著性检验的原理是什么？如果方程线性关系不显著如何处理？
6. 内生解释变量问题产生的原因是什么？如何诊断内生解释变量问题？当出现内生解释变量问题时如何处理？
7. 异方差问题产生的原因是什么？如何诊断异方差问题？当出现异方差问题时如何处理？
8. 自相关问题产生的原因是什么？如何诊断自相关问题？当出现自相关问题时如何处理？
9. 当多元回归同存在异方差、多重共线性、内生解释变量问题、自相关问题时，我们该如何处理？
10. 方程通过了拟合优度检验、方程线性关系显著性检验，但是核心的解释变量的回归系数不显著该如何处理？
11. 方程通过了拟合优度检验、方程线性关系显著性检验，核心的解释变量的回归系数也显著但是与理论上变量的回归系数的符号相反，该如何处理？

二、软件操作题

12. 对某村农户水稻产量进行调研,现有 20 户农户的问卷数据见表 7-14。

表 7-14 某村农户水稻产量调研

水稻产量（斤）	受教育年限（年）	家庭劳动力（人）	耕地面积（平方米）	农业机械投入时间（小时）	农业投入品施用量（公斤）
135000	19	3	23994	9.6	621
103750	16	3	8253	9.7	540
60375	19	3	8244	9.6	423
60000	16	3	7119	9.4	399
57000	15	3	8100	9.8	381
46000	15	1	4275	9.7	348
45150	15	1	4500	9.4	345
42300	12	1	4275	9.7	323
40800	12	1	4500	9.7	302
40200	16	1	5625	9.8	298
35550	12	1	4500	9.4	265
35100	15	1	4950	9.5	261
32550	15	1	4275	9.6	222
31200	15	1	4275	9.6	224
31050	15	1	3780	9.6	220
30900	12	1	4500	9.4	220
27300	12	1	4050	9.7	213
22350	15	1	3825	9.5	185
21900	8	1	3960	9.8	188
21450	12	1	3600	9.8	194

（1）请使用多元回归的方法测算哪些指标对水稻产量产生了显著影响。

（2）这些指标是否存在多重共线性？

（3）请使用合适的变量筛选方式找出最优的回归模型,并写出该回归模型。

13. 表 7-15 中的数据包含了土壤湿度（自变量 X）、水肥施用量（自变量 Y）和农作物产量（因变量 Z）的观察值。请使用这个数据集进行回归分析，探索土壤湿度和水肥施用量对于农作物产量的影响。

表 7-15 土壤湿度和水肥施用量对于农作物产量的影响数据

土壤湿度（X）	水肥施用量（Y）	农作物产量（Z）
20	7	500
36	18	556
52	29	612
68	40	668
84	41	724
100	52	780

（1）请使用多元回归的方法测算哪些指标对农作物产量产生了显著影响。
（2）这些指标是否存在多重共线性？
（3）请使用合适的变量筛选方式找出最优的回归模型，并写出该回归模型。

Chapter Eight

第 8 章

二元选择模型在农林经济管理中的应用

二元选择模型在农林经济管理研究中具有重要作用。该模型可以帮助研究者分析农林经济管理中的决策行为，特别是在面临两个或多个选择时的决策过程。通过该模型，研究者可以对不同选择的影响因素进行量化和分析，从而更好地理解和预测农林经济管理中的决策结果。此外，二元选择模型还可以用于评估农林经济管理政策的效果。通过对政策实施前后的决策行为进行比较分析，可以得出政策对不同选择的影响程度，从而为政策制定者提供决策依据和建议。

总之，二元选择模型在农林经济管理研究中有助于深入理解决策行为和政策效果，为相关决策提供科学依据和支持。

8.1 Logistic 模型分析概述

第 7 章我们讲述了回归分析方法在农林经济管理中的应用。通过学习不难发现，要满足线性回归分析的基本假定，因变量应是连续型变量，比如农户的收入、农村地区的人均 GDP、农户的投资等。在农林经济管理的研究中，有时代理指标可能是非连续型变量，比如农户加入农民专业合作社的意愿、农户加入农民专业合作社的满意度、农地流转的意愿、农地种植粮食与非粮食的选择、农户绿色生产的意愿等代理指标都是"是"和"否"的问题，这样的指标显然是非连续变量。为了更好地研究这些问题，本章要学习离散因变量的 Logistic 回归分析，Logistic 回归分析主要分为二元与多元，多元 Logistic 回归分析又分为有序的多元 Logistic 回归分析和无序的多元 Logistic 回归分析。通过本章的学习，要能理解 Logistic 回归分析处理离散因变量的基本思想，要能根据农林经济管理的研究问题恰当地使用 Logistic 回归分析方法及进行相应的软件操作。

8.2 二元 Logistic 回归分析

8.2.1 二元 Logistic 回归原理及模型

二元 Logistic 回归模型是一种由 Logistic 函数经过多次变换得到的概率型非线性方程模型，一般被用来探究二分类因变量和多个分类或有序自变量间的关系。通常把二元 Logistic 回归作为回归算法来使用，但有时也可当作一种分类算法来进行分类预测，作为分类算法用时，只可以解决二分类问题。在进行二元 Logistic 回归分析时，通常会涉及 3 个步骤，分别是数据处理、卡方分析和影响关系分析，如图 8-1 所示。

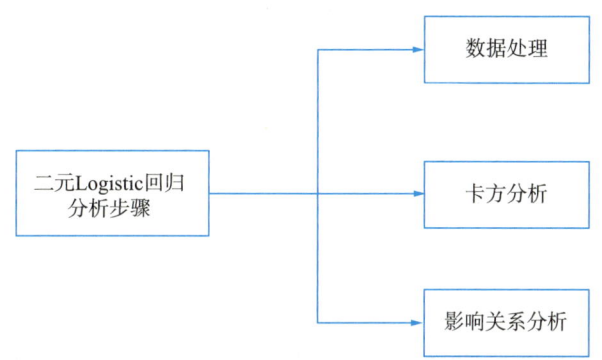

图 8-1　二元 Logistic 回归分析步骤

（1）数据处理。在研究相关因素对样本将来是否愿意购买理财产品的影响情况时，性别、专业等均为影响因素，而且很明显，性别和专业属于定类数据，因此需要进行虚拟哑变量设置，可使用［数据处理 -> 生成变量］完成。当自变量为数值变量时，直接纳入模型即可；当自变量为二分类、多分类无序、多分类有序变量时，需对变量进行赋值。

（2）卡方分析。首先需要通过变量的显著性检验来判断各解释变量与被解释变量间的二元关系，从而剔除不显著的变量。此步可以试探性了解每个因素 X 与 Y 之间的影响关系情况，研究影响关系前，首先需要自变量 X 与 Y 之间存在差异关系，才可能进一步存在影响关系，也或者说差异关系是一种基础性关系，影响关系是更进一步的深层次关系。所以在进行二元 Logistic 回归分析前，可先对 X 做差异分析，筛选出与 Y 有着差异性的 X。例如，如果年龄因素与垃圾分类意愿在卡方检验中 $p > 0.05$，可以判定其为不显著的自变量并剔除，但当 $p < 0.05$ 时，则应将其与其他重要变量一起作为垃圾分类意愿的二元 Logistic 模型的候选变量。

（3）影响关系分析。影响关系分析时，先建立模型，再对模型进行检验。例如，由于垃圾分类意愿自变量较多，在建立模型时，对于筛选得到的较多候选变量，可以通过 SPSS27.0 软件进行逐步向前回归法，将变量逐个引入模型中，对其进行显著性检验，当引入新的解释变量导致了原来模型中已经进入的解释变量不再显著时将其剔除,直至模型中的变量不再出现变化为止。模型检验。通过 SPSS27.0 软件计算假设模型,可以得到"Hosmer-Lemeshow 检验""方程中的变量"等表格信息,通过这些信息进行模型的检验。例如,"Hosmer-Lemeshow 检验"表格中,p 值大于 0.05,则说明该模型对垃圾分类意愿样本的拟合较好;"方程中的变量"表格中的 Sig 小于 0.05,则表明该垃圾分类意愿影响因素具有显著性。

当模型通过检验后,根据最终得到的模型结果来分析判断对被解释变量造成显著性影响的变量及其影响方向和大小。例如,从最终的估计结果表中得到,受教育程度所对应的概率 p 值为 0.020,小于 0.05,说明居民垃圾分类意愿受到受教育程度的显著影响,其 p 值为 1.458,表明二者之间呈正相关,且受教育程度每增加 1 个单位,Logit(p)平均增长 1.458 个单位。

8.2.2 Logistic 在农林经济管理中的应用

云南省普洱市思茅区由于受到民族文化、经济发展、区位地理等多方面因素的影响,农业生产和农户的生产行为都有其特点。一方面,该地区具有浓厚的民族文化氛围,这对该地区的农业生产产生了一定的影响。同时,少数民族的宗教信仰、生活习惯等因素也会影响他们的种植和养殖行为。另一方面,这些地区有国内和国外"两个市场"联动的特点,农户的边贸参与度较高。和越南、缅甸、老挝接壤的边境地区,农户在生产中雇用外籍劳动力,自发进行农产品边贸等。由于大部分地区缺乏重工业,所以土壤和水源保持了清洁,空气质量良好,病虫害少,这些突出优势为绿色农业发展提供了有利条件。

农户绿色生产行为是指农业相关行为主体在绿色理念的指导下,在农业全产业链相关环节中,能最大限度地降低农业生产污染、能耗,且能够达到相关检验标准,追求农业可持续发展方式的一系列活动的总称。农户绿色生产行为主要包括以下几个方面:

产前绿色生产行为,指农户在农业生产前期采取的节约资源、保护环境、提高效益的行为,如合理选种、施用有机肥、节约用水、循环利用农业废弃物等。

产中绿色生产行为,指农户在农业生产中期采取的减少污染、保障安全、提高质量的行为,如科学用药、控制化肥用量、采用绿色防治技术、实施标准化管理等。

产后绿色生产行为,指农户在农业生产后期采取的增加收入、促进销售、提升品牌的行为,如加工包装、质量检测、市场营销、品牌建设等。

总之,农户绿色生产行为是一种符合现代农业发展要求的生态文明理念和实践,是实现农业绿色低碳发展的重要途径。

1. 二元 Logistic 回归分析的应用

为探究和预测农户实施绿色生产行为的意愿,对普洱市思茅区的 7 个镇、2 个乡进行问卷投放,包含 431 个样本数据,变量有是否愿意实施绿色生产行为、年龄、性别(1 为男,2 为女)、家庭收入水平(1 为高收入,2 为中收入,3 为低收入)。年龄为数值型变量,其他为分类型变量。接下来,我们就讲解如何在 SPSS 中实现二元 Logistic 回归分析。

（1）首先要处理好数据，将因变量分类为 0 和 1（0 代表愿意，1 代表不愿意），自变量分类尽量不要超过 5 类。因变量一定是分类变量，自变量可以是连续变量，也可以是分类变量。

（2）进行多重共线性的诊断。打开 SPSS，选择［分析］—［回归］—［线性］，如图 8-2 所示。

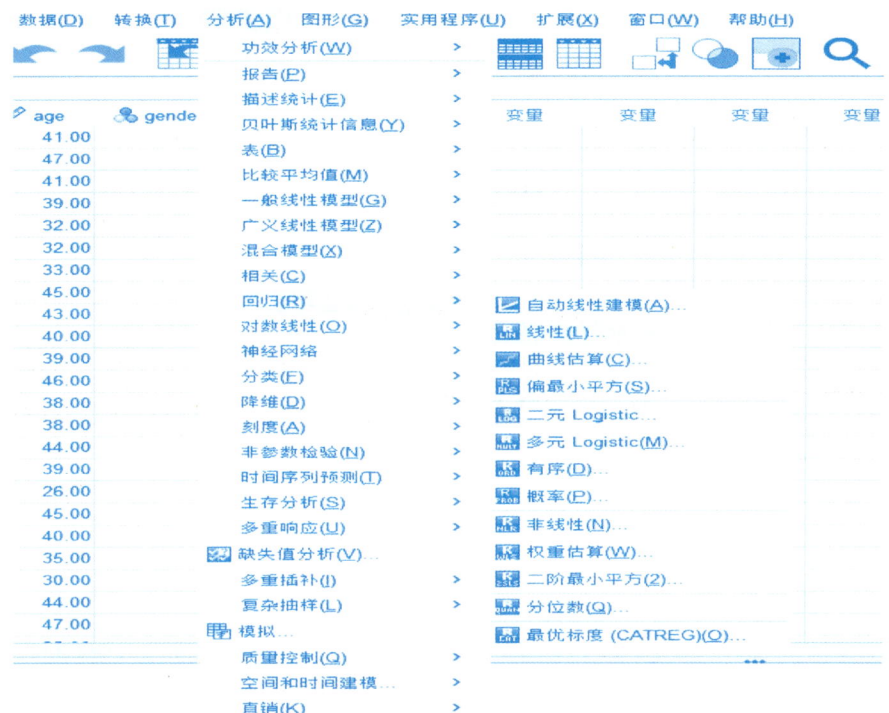

图 8-2　线性回归窗口

（3）选择好自变量和因变量，出现如图 8-3 所示的窗口。

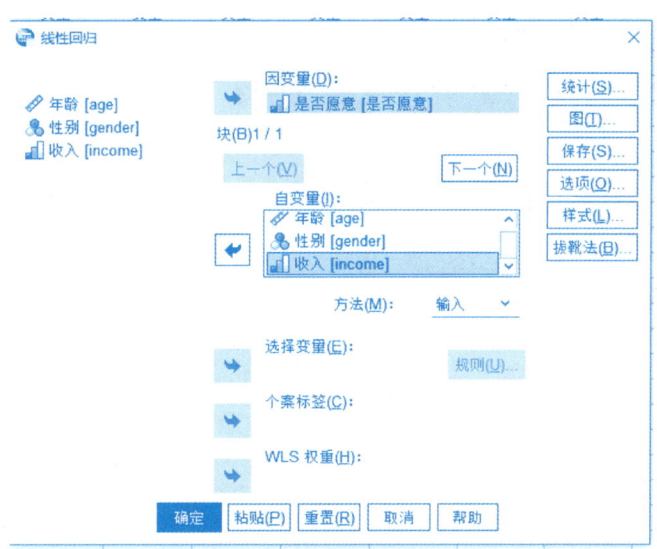

图 8-3　选择变量窗口

（4）点击［统计］，勾选里面的［共线性诊断］，如图 8-4 所示。

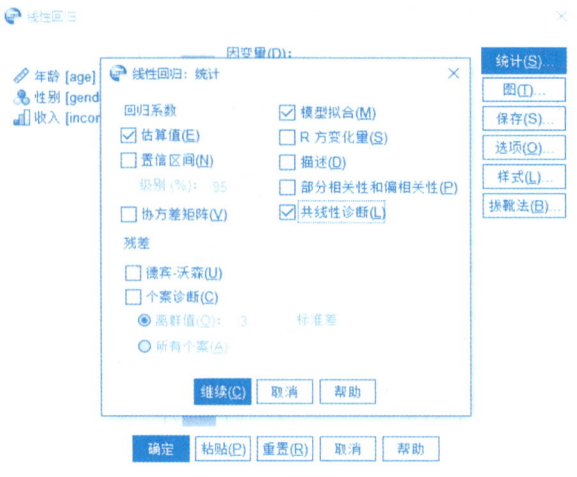

图 8-4　共线性参数设置窗口

（5）点击［确定］后，查看运行结果，找到"系数"这个表格，里面有"VIF"，如图 8-5 所示。一般我们认为 VIF 大于 10，即变量存在多重共线性，将予以剔除。我们这里的数据 VIF 值均在 10 以下，没有需要剔除的变量，可以进行下一步操作。

系数^a

模型		未标准化系数		标准化系数	t	显著性	共线性统计	
		B	标准错误	Beta			容差	VIF
1	（常量）	-.222	.192		-1.152	.250		
	年龄	.006	.004	.065	1.370	.172	.996	1.004
	性别	.121	.047	.124	2.596	.010	.984	1.016
	收入	.093	.029	.157	3.276	.001	.980	1.020

a. 因变量：是否购买

图 8-5　共线性诊断结果

（6）下面开始构建二元 Logistic 回归模型。

1）数据读取到 SPSS，打开菜单［分析］→［回归］→［二元 Logistic］，如图 8-6 所示。

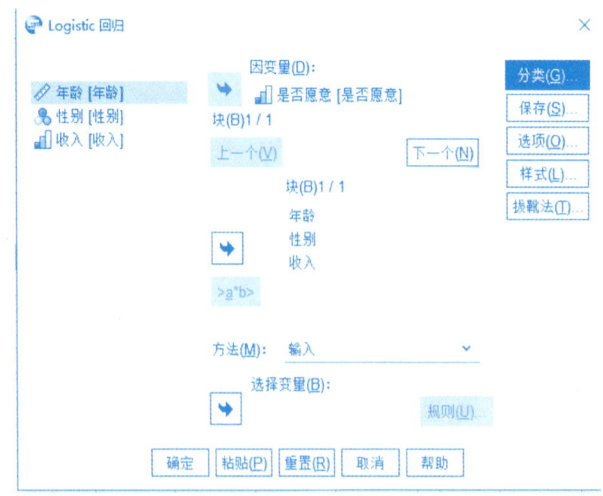

图 8-6　二元 Logistic 回归分析窗口

因变量：是否愿意；自变量：年龄、性别、收入三个均为连续型数据；回归方法：因自变量较少，所以先考虑全部进入模型，因此选择［输入］法。

2）点开［选项］对话框，如图 8-7 所示。

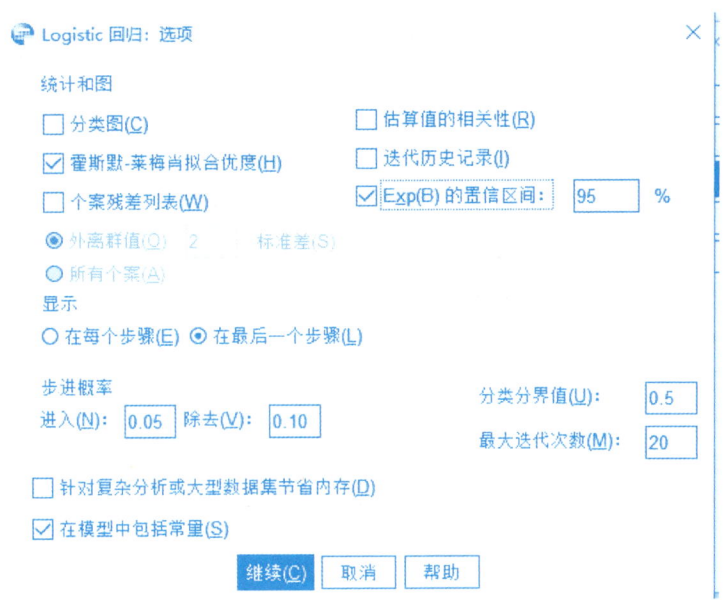

图 8-7　二元 Logistic 回归分析的选项窗口

勾选［霍斯默-莱梅肖拟合优度］检验，也简称为 HL 检验，显著性 p 值越大越好（可取 > 0.05），表明模型拟合较好，勾选［Exp（B）的置信区间］，表示输出优势比默认为 95% 的置信区间；勾选［在最后一个步骤］，让结果简要简约。

3）点击［继续］→［确定］，命令软件执行此次分析。

2. 结果解释

（1）模型系数的综合检验，如图 8-8 所示。

		卡方	自由度	显著性
步骤 1	步骤	16.648	3	<.001
	块	16.648	3	<.001
	模型	16.648	3	<.001

图 8-8　模型系数的综合检验

Logistic 模型的应用一般会采用 Omnibus 检验以及 Hosmer-Lemeshow 测试检验来实现数据分析的准确校验。Omnibus 检验又称 Omnibus Tests of Model Coefficients，是对模型中系数的相关性进行综合性检验测试，也叫似然比检验，会展示 Logistic 回归中是否有值为 0 的似然比结果的模型参数，如果显著性（Sig）的概率值 P 足够小，则说明将自变量代入模型后的似然比增减幅度是有效的，卡方值的大小与模型模拟结论存在关联，表明是较为优良的结果。图 8-8 清晰地显示出，模型 Omnibus 检验的值为 16.648，显著性的概率值是低于 0.001 的，结果为有效，因此在 1% 的显著水平下通过检验。

（2）检验模型的拟合优度，如图8-9所示。

霍斯默-莱梅肖检验			
步骤	卡方	自由度	显著性
1	8.749	8	.364

图8-9 模型拟合优度的检验结果

Hosmer-Lemeshow测试用来检验模型拟合优度，根据检验水准与p值的大小，得到数据信息是否充分提炼的结果，确定预测的概率是否偏离了二元分类的观察概率范围。图8-9模型的拟合优度检验中，卡方为8.749，模型拟合良好，因此拒绝原假设，模型整体通过测验。

（3）预测模型的准确率如图8-10所示。

分类表[a]					
			预测		
			是否愿意		
	实测		愿意	不愿意	正确百分比
步骤1	是否愿意	愿意	244	25	90.7
		不愿意	135	27	16.7
	总体百分比				62.9
a. 分界值为.500					

图8-10 预测模型的准确率

我们看一下模型预测的准确率，准确率越高越好。如图8-10所示，在本实验中模型预测的准确率为（244+27）/（244+25+135+27）=62.9%，可以说模型预测的准确率较高。

（4）方程中的变量如图8-11所示。

方程中的变量								
		B	标准误差	瓦尔德	自由度	显著性	Exp(B)	EXP(B) 的 95% 置信区间
								下限　上限
步骤1[a]	年龄	.025	.018	1.877	1	.171	1.025	.990　1.061
	性别	.534	.208	6.577	1	.010	1.706	1.134　2.565
	收入	.410	.127	10.365	1	.001	1.507	1.174　1.935
	常量	-3.157	.869	13.207	1	<.001	.043	
a. 在步骤1输入的变量：年龄,性别,收入。								

图8-11 方程中的变量

如图8-11所示，年龄显著性p值为0.171，大于0.05，不能拒绝原假设，因此年龄不会对意愿产生显著性影响；收入显著性p值为0.001，小于0.05，拒绝原假设，因此收入会对意愿产生显著性影响；性别显著性p值为0.010，小于0.05，拒绝原假设，因此性别会对意愿产生显著性影响。以收入为例，该变量的p值为0.001，Exp（B）=$e^{0.410}$=1.507，说明收入每增加1个单位，农户采用绿色生产行为的意愿是原来的1.507倍。

8.3 多元 Logistic 回归分析

8.3.1 无序多分类 Logistic 回归分析

1. 无序多分类 Logistic 回归原理及模型

无序多分类 Logistic 回归分析，是用于研究自变量 X 与因变量 Y（分类变量）的一种多元回归分析法。自变量 X 可以为分类变量或者连续型变量，因变量 Y 为无序多分类变量，即不考虑因变量之间的等级信息，例如：因变量为职业，则可将其分为医生、教师、工程师、工人等；因变量是获取绿色农业知识的途径，则可以分为政府宣传、邻里交流、其他等。其与自变量之间建立的回归模型，是二分类 Logistic 回归分析的扩展，被称为多分类 Logistic 回归分析，又称多项 Logistic 回归分析，其选择因变量 Y 中众多类别之一作为参照，拟合剩余各类别相对于此参数类别的 Logistic 回归模型。

采用广义 Logit 连接，因变量 Y 包括 g 个类别（Y 取值为 1，2，…，g），因此可以建立 g-1 个广义 Logit 回归模型。其多分类 Logistic 回归模型可以表示为：

$$\ln\left(\frac{P(Y=j)}{P(Y=g)}\right) = \beta_{0j} + \beta_{1j}X_1 + \beta_{2j}X_2 + \cdots + \beta_{mj}X_m + L$$

$$\ln\frac{P(Y=j)}{P(Y=g)} = b_{0j} + b_{1j}X_1 + b_{2j}X_2 + \cdots + b_{mj}X_m + L$$

其中 $j=1,2,\cdots,g-1$。对于包含了 g 个类别的因变量 Y，以第 g 个分组为参照组，其多分类 Logistic 回归就有 g-1 个方程。其中 β_{0j} 为第 j 个回归方程的常数项，β_{1j}，β_{2j}，…，β_{mj} 为第 j 个回归方程的自变量 X_1，X_2，X_3，…，X_m 的回归系数。多分类 Logistic 回归同样可以由回归系数获得某自变量 X 改变一个单位的优势比 OR。

2. 案例引入

现有一份数据，为了了解不同村庄与性别的农户获取绿色农业知识途径是否不同，对思茅区 2 个村庄的 314 名农户进行了调查。因变量为获取绿色农业知识途径（1 为政府宣传、2 为邻里交流、3 为其他），自变量为村庄（0 为村庄 1、1 为村庄 2）、性别（0 为男性、1 为女性）。接下来，我们就讲解如何在 SPSS 中实现无序多分类 Logistic 回归。

3. 多元 Logistic 回归分析的基本操作

（1）菜单选择［数据］→［个案加权］，将观察频数拉入频率变化框进行加权，点击［确定］，如图 8-12 所示。

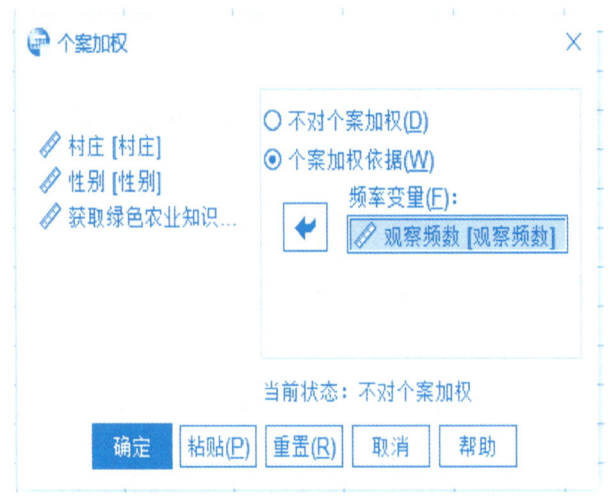

图 8-12 个案加权窗口

（2）菜单选择［分析］→［回归］→［多元 Logistic］，如图 8-13 所示。

图 8-13 多元 Logistic 回归分析窗口

（3）打开多分类 Logistic 回归界面，将因变量拖入因变量框，并选择最后一个类别为参考类别。将自变量选入协变量框。注意，"因子"框一般选入的是无序多分类自变量，"协变量"框一般选入连续型变量或者二分类变量。同时，选入因子框的变量，在软件得出结果的时候，会自动生成选入变量的哑变量结果。本题自变量均为二分类变量，因此都放入协变量框，如图 8-14 所示。

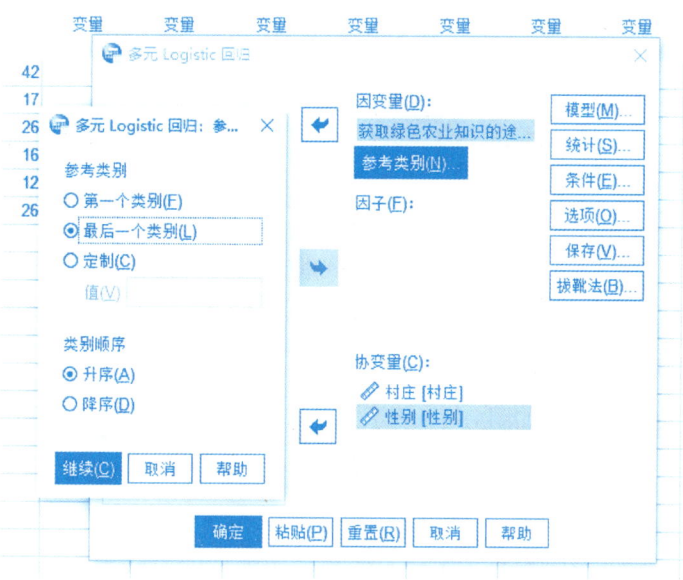

图 8-14　多元 Logistic 回归分析的模型窗口

（4）点击［统计］，可以看到图 8-15，包括模型的拟合度指标、模型的参数估计与假设检验。在默认的基础上再选择［拟合优度］（输出模型拟合优度信息）。最后点击［继续］。

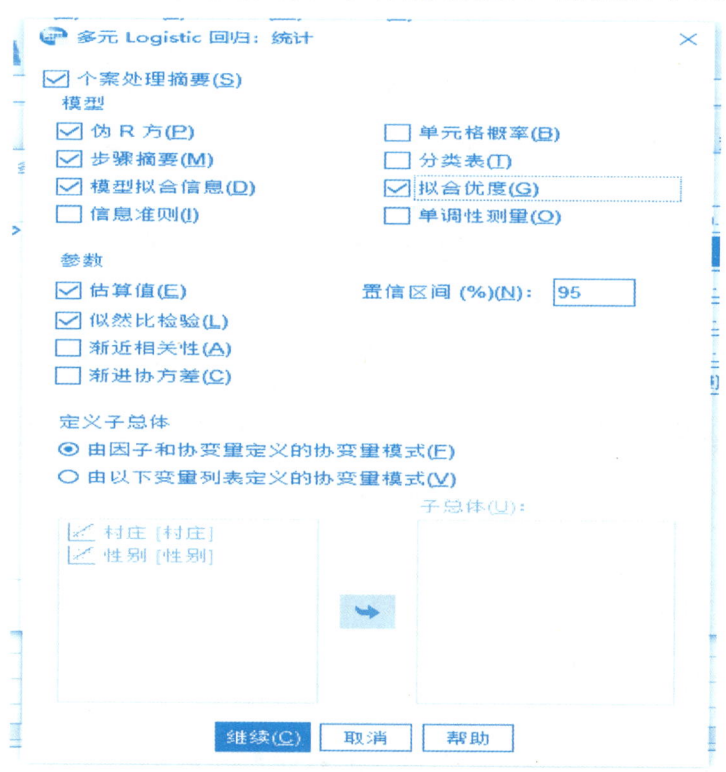

图 8-15　多元 Logistic 回归分析的统计量窗口

4．结果解释

（1）模型拟合信息如图 8-16 所示。

模型拟合信息

模型	模型拟合条件 -2 对数似然	似然比检验 卡方	自由度	显著性
仅截距	80.877			
最终	36.821	44.056	4	<.001

图 8-16 模型拟合信息

零模型的 -2 倍的对数似然值为 80.877，当前模型为 36.821，似然比卡方值为 44.056，p 值小于 0.001，表示模型有统计学意义。

（2）模型拟合优度检验结果如图 8-17 所示。

拟合优度

	卡方	自由度	显著性
皮尔逊	1.611	2	.447
偏差	1.605	2	.448

图 8-17 模型拟合优度的检验结果

模型的拟合优度检验中，Perason 卡方检验和 Deviance 卡方检验 p 值均大于 0.05，表示模型拟合较好。

Cox-Snell、Nagelkerke 和 McFadden 是三种最常见的计算 Pseudo R^2 的方法，对于分类数据而言，它们的数一般不会太高，但由于缺乏广泛应用，我们一般不关注这个结果，见图 8-18。

伪 R 方

考克斯-斯奈尔	.131
内戈尔科	.148
麦克法登	.065

图 8-18 卡方检验结果

（3）似然比检验结果如图 8-19 所示。

似然比检验

效应	模型拟合条件 简化模型的 -2 对数似然	似然比检验 卡方	自由度	显著性
截距	41.660	4.839	2	.089
村庄	57.696	20.874	2	<.001
性别	56.521	19.700	2	<.001

卡方统计是最终模型与简化模型之间的 -2 对数似然之差。简化模型是通过在最终模型中省略某个效应而形成。原假设是，该效应的所有参数均为 0。

图 8-19 似然比检验结果

似然比检验是对自变量是否有意义进行检验。我们可以看到自变量村庄和性别的 p 值均小于 0.001，说明自变量均有统计学意义。

（4）模型参数估算结果如图 8-20 所示。

参数估算值

获取绿色农业知识的途径[a]		B	标准 错误	瓦尔德	自由度	显著性	Exp(B)	Exp(B) 的 95% 置信区间	
								下限	上限
政府宣传	截距	-.394	.257	2.343	1	.126			
	村庄	.993	.295	11.323	1	<.001	2.700	1.514	4.816
	性别	-1.227	.299	16.811	1	<.001	.293	.163	.527
邻里交流	截距	.154	.229	.454	1	.500			
	村庄	-.381	.292	1.700	1	.192	.683	.385	1.211
	性别	-.795	.279	8.126	1	.004	.452	.262	.780

a. 参考类别为：^1。

图 8-20　模型参数估算结果

以其他获取途径作为参照组时，村庄 2 比村庄 1 更多采用政府宣传获取绿色农业知识；女性比男性更少采用政府宣传获取绿色农业知识。以其他获取途径作为参照时，村庄 2 比村庄 1 更少采用邻里交流获取绿色农业知识；女性比男性更少采用邻里交流获取绿色农业知识。

8.3.2　有序多分类 Logistic 回归分析

1. 有序多分类 Logistic 回归原理及模型

与二分类 Logistic 不同的是，有序 Logistic 回归适用于因变量为等级或者程度差别的案例，如因变量满意度分为不满意记为 1，满意记为 2，非常满意记为 3。自变量可以是任意类型的变量，如定量变量、二分类变量、无序多分类变量或者是有序多分类变量等。

有序 Logistic 回归模型检验中，除了要求自变量和样本量与二分类相同外，还要满足平行性假设，即自变量对因变量的影响在不同的回归方程中是一致的，这一点会在后面介绍模型时详细说明。如果不满足平行性假设，就需要使用其他模型，或者采用无序多分类 Logistic 回归。OR 也称为 exp（B），是优势比或比值比的简称，它是一种反映 Logistic 回归中自变量对因变量影响程度的指标。我们通常根据专业知识来赋值因变量 Y，将最有利的等级赋予最高值，最不利的等级赋予最低值，例如满意度分为不满意记为 1，满意记为 2，非常满意记为 3。

有序 Logistic 回归的几种模型：

（1）累积 Logit 模型：

$$\ln\left(\frac{P_1+\cdots+P_j}{P_{j+1}+\cdots+P_g}\right)=X_m^T\beta_j$$

因变量 Y 包含 g 个类别，自变量 X 包含 m 个类别，β_j 为各自变量的回归系数。模型左边代表 1～j 等级的累积概率与其余等级的累积概率的比值，右边代表不同的建模方程所对应的方程自变量与系数。需要注意的是，当 j 取不同的值时，对应的 β_j 是不一样的，因此优势比也是不一样的，即 j 取不同的值时，同一个自变量 X 改变 1 个单位，对应的 OR 是不一样的。

（2）比例优势模型：

$$\ln\left(\frac{P_1+\cdots+P_j}{P_{j+1}+\cdots+P_g}\right)=\beta_{0j}+\beta_1X_1+\beta_2X_2+\cdots+\beta_mX_m$$

该模型左边与累积 Logit 模型一样，但是右边不同。该模型假设下，当 j 取不同值时，除了常数项 β_{0j} 不同，其他系数均一致，因此，使用该模型之前，应该对 $g-1$ 个方程所对应的累积概率曲线进行平行性假设检验。如果平行性假设检验结果 P>0.1，则满足平行性假设检验条件，我们可以认为各自变量的回归系数在不同的累积概率模型中均相等。

（3）连续比值 Logit 模型：

$$\ln\left(\frac{P_1+\cdots+P_j}{P_{j+1}}\right)=X_m^T\beta_j$$

或

$$\ln\left(\frac{P_j}{P_{j+1}+\cdots+P_g}\right)=X_m^T\beta_j$$

在该模型下，j 取不同的值，对应 β_j 是不一样的。模型左边是 j 个等级与下一个等级的比值，或者是 j 等级与余下所有等级的比值；右边代表不同的建模方程所对应的方程自变量与系数。

（4）相邻比值 Logit 模型：

$$\ln\left(\frac{P_j}{P_{j+1}}\right)=\beta_{0j}+\beta_1X_1+\cdots+\beta_mX_m$$

在该模型下，j 取不同的值，除了常数项 β_{0j} 不同，其他系数均一致。模型左边代表 j 等级与 $j+1$ 等级的比值，模型右边代表模型方程对应的自变量与系数。该模型同样需要经过平行性假设检验。

2. 案例引入及基本操作

为了了解农户绿色生产行为和性别对其年收入的影响，对思茅区 1 个村庄的 184 名农户进行了调查。因变量为年收入水平（1 为高收入、2 为中收入、3 为低收入），自变量为农户绿色生产行为（0 为采用、1 为不采用）、性别（0 为男性、1 为女性）。接下来，我们就讲解如何在 SPSS 中实现有序多分类 Logistic 回归。

（1）菜单选择［数据］→［个案加权］，将观察频数拉入频率变化框进行加权，如图 8-21 所示。点击［确定］。

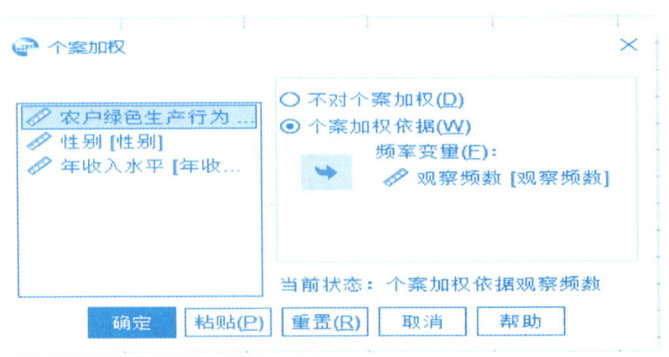

图 8-21　个案加权窗口

（2）菜单选择［分析］→［回归］→［有序］，如图 8-22 所示。

图 8-22　多元有序 Logistic 回归分析窗口

（3）打开多元有序 Logistic 回归界面，将因变量拖入因变量框，并选择最后一个类别为参考类别。将自变量选入协变量框。注意，"因子"框一般选入的是有序多分类自变量，"协变量"框一般选入连续型变量或者二分类变量。同时，选入因子框的变量，在软件得出结果的时候，会自动生成选入变量的哑变量结果。本题自变量均为二分类变量，因此都放入协变量框，如图 8-23 所示。

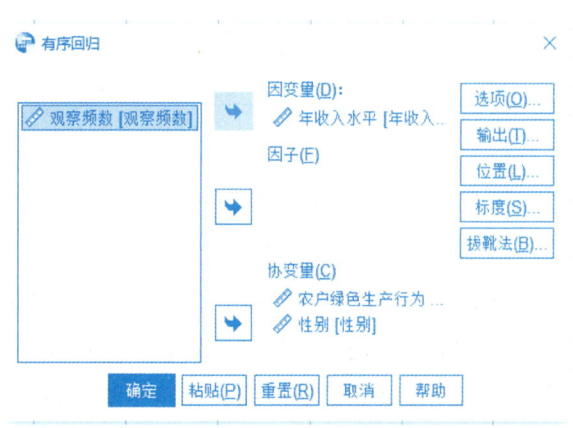

图 8-23　多元有序 Logistic 回归分析的模型窗口

（4）点击［输出］，可以看到图 8-24，包括拟合优度统计、摘要统计与参数估算值。在默认的基础上再选择［平行线检验］。最后点击［继续］。

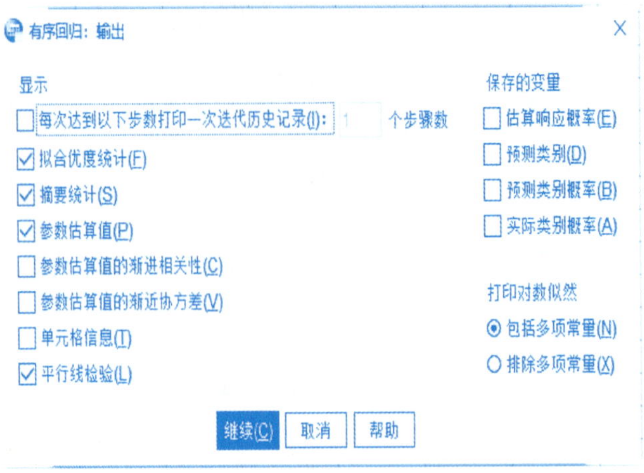

图 8-24　多元有序 Logistic 回归分析的输出窗口

3. 结果解释

（1）模型拟合信息如图 8-25 所示。

模型拟合信息

模型	-2 对数似然	卡方	自由度	显著性
仅截距	208.993			
最终	36.270	172.723	2	<.001

关联函数：分对数。

图 8-25　模型拟合信息

零模型的 -2 倍的对数似然值为 208.993，当前模型为 36.270，似然比卡方值为 172.723，p 值小于 0.001，表示模型有统计学意义。

（2）模型拟合优度检验，结果如图 8-26 所示。

拟合优度

	卡方	自由度	显著性
皮尔逊	4.259	4	.372
偏差	4.284	4	.369

关联函数：分对数。

图 8-26　模型拟合优度的检验结果

Perason 卡方检验和 Deviance 卡方检验 p 值均大于 0.05，表示模型拟合较好。

Cox-Snell、Nagelkerke 和 McFadden 是最常见的三种计算 Pseudo R^2 的方法，对于分类数据而言，它们的数一般不会太高，但由于缺乏广泛应用，我们一般不关注这个结果，见图 8-27。

伪 R 方

考克斯-斯奈尔	.423
内戈尔科	.484
麦克法登	.266

关联函数：分对数。

图 8-27　卡方检验结果

（3）模型参数估算值结果如图 8-28 所示。

参数估算值

		估算	标准 错误	瓦尔德	自由度	显著性	95% 置信区间 下限	95% 置信区间 上限
阈值	[年收入水平 = 1]	1.310	.211	38.636	1	<.001	.897	1.723
	[年收入水平 = 2]	2.615	.261	100.644	1	<.001	2.104	3.126
位置	农户绿色生产行为	3.197	.281	129.020	1	<.001	2.646	3.749
	性别	.570	.254	5.043	1	.025	.072	1.067

关联函数：分对数。

图 8-28　模型参数估算值

农户绿色生产行为和性别的 p 值均小于 0.05，两个自变量均对因变量年收入存在显著的影响，且农户绿色生产行为与性别的系数均为正，反映这两个自变量会对农户的年收入产生正向影响。以农户绿色生产行为为例，该变量的 p 值小于 0.001，exp（B）=$e^{3.197}$=24.467，说明农户绿色生产行为会对年收入产生显著性影响，且农户绿色生产行为每增加 1 个单位，农户的年收入是原来的 24.467 倍。

平行线检验[a]

模型	-2 对数似然	卡方	自由度	显著性
原假设	36.270			
常规	33.955	2.315	2	.314

原假设指出，位置参数（斜率系数）在各个响应类别中相同。

a. 关联函数：分对数。

图 8-29　平行检验结果

如图 8-29 所示，p 值为 0.314＞0.1，即各个回归方程平行，符合位置模型的要求。

8.4　思考与练习

一、思考题

1. 为什么要用 Logistic 模型？Logistic 模型的因变量有何特殊之处？
2. Logistic 模型的估计方法与最小二乘法有何不同？
3. 简述 Logit 模型与 Probit 模型的区别和联系，在农林经济管理中这两种模型适合分析的问题有区别吗？

4. 简述 Logit 模型与 Probit 模型估计结果中的伪 R^2 与回归分析中的 R^2 的区别与联系。

5. Logit 模型的回归系数如何解读？它表示的意义和回归分析中相同吗？

二、软件操作题

6. 表 8-1 中的数据集包含了农药使用量（自变量 $X1$）、土壤湿度（自变量 $X2$）和农作物类型（因变量 Y）的观察值。其中，农作物类型为二元变量，0 代表一种农作物类型，1 代表另一种农作物类型。请使用该数据进行二元 Logistic 回归分析，探索农药使用量和土壤湿度对于农作物类型的影响。

表 8-1　农药使用量和土壤湿度对于农作物类型的影响数据

农药使用量（$X1$）	土壤湿度（$X2$）	农作物类型（Y）
12	22	0
25	35	0
38	48	1
51	61	1
64	74	1

7. 表 8-2 中的数据集包含了土壤质地（自变量 $X1$）、施肥量（自变量 $X2$）和农作物等级（因变量 Y）的观察值。其中，农作物等级是一个有序分类变量，表示不同农作物按照等级划分。请使用该数据进行有序 Logistic 回归分析，探索土壤质地和施肥量对于农作物等级的影响。

表 8-2　土壤质地和施肥量对于农作物等级的影响数据

土壤质地（$X1$）	施肥量（$X2$）	农作物等级（Y）
1	10	1
2	5	2
3	15	3
2	8	2
1	12	2
3	10	3

8. 表 8-3 中的数据集包含了气温（自变量 $X1$）、土壤湿度（自变量 $X2$）和天气状况（因变量 Y）的观察值。其中，天气状况是一个无序分类变量，表示不同天气条件的类别。请使用该数据进行无序 Logistic 回归分析，探索气温和土壤湿度对于天气状况的影响。

表 8-3　气温和土壤湿度对于天气状况的影响数据

气温（$X1$）	土壤湿度（$X2$）	天气状况（Y）
20	40	0
25	50	1
30	60	2
28	45	1
22	35	0

第 9 章 双重差分法在农林经济管理中的应用

Chapter Nine

双重差分法（Difference-in-Difference，DID）是一种常用的计量经济学方法，也被广泛应用于农林经济管理学科中。以下是双重差分法在农林经济管理学科中的一些具体应用：

农业政策评估：双重差分法可以用于评估农业政策对农业经济的影响。例如，研究某个地区实施农业补贴政策后，农产品产量、农民收入、农业就业等指标的变化情况。通过比较实施政策前后处理组（受政策影响的地区）和对照组（未受政策影响的地区）的差异，可以得出政策对农业经济的影响效果。

森林经营措施评估：双重差分法可以用于评估森林经营措施对木材产量、生态环境等方面的影响。例如，研究某个地区实施森林保护政策后，木材产量、森林生态系统服务价值等指标的变化情况。通过比较实施政策前后处理组（受政策影响的地区）和对照组（未受政策影响的地区）的差异，可以评估政策对森林经营的影响效果。

农业投资效果评估：双重差分法可以用于评估农业投资项目的效果。例如，研究某个地区实施农业投资项目后，农产品产量、农民收入等指标的变化情况。通过比较实施项目前后处理组（受项目影响的地区）和对照组（未受项目影响的地区）的差异，可以评估投资项目的效果。

总之，双重差分法在农林经济管理学科中可以用于政策评估、措施评估和投资效果评估等方面。在回归分析的基础上，通过比较处理组和对照组在处理前后的差异，可以得出政策、措施或投资对农林经济管理的影响效果，为决策者提供科学依据。

9.1 双重差分法

9.1.1 双重差分法的概述

DID 模型是一种用于评估政策效应的方法，它利用了面板数据中的两个维度——分组和时间,来计算政策实施前后处理组和对照组之间的双重差分。DID 模型的基本思想是,如果处理组和对照组在政策实施之前有相同的发展趋势,那么政策实施之后两组之间的差异就可以归因于政策效应。

DID 模型的历史可以追溯到 1985 年,当时普林斯顿大学的 Ashenfelter 和 Card 发表了一篇文章,第一次引入了 DID 模型。这篇文章被认为是 DID 模型的经典案例,因为它满足了 DID 模型的主要假设:共同趋势、随机分配和无干扰。Ashenfelter 和 Card 利用了新泽西州和宾夕法尼亚州之间的地理邻近性,将新泽西州作为处理组,宾夕法尼亚州作为对照组,比较了两州在最低工资法实施前后的快餐业就业变化。他们发现,新泽西州的最低工资法并没有导致快餐业就业减少,反而有轻微的增加。

DID 模型在中国的应用较晚,最早使用 DID 方法的是中国人民大学经济学院教授张军等,他们在 2004 年发表了一篇题为《中国农村扶贫政策效果评价:基于双重差分法的实证分析》的文章,使用了 DID 方法来评估中国农村扶贫政策对农民收入和消费水平的影响。

DID 模型后来被广泛应用于各个领域,如教育、卫生、经济、社会等,用于评估各种政策或干预的效果。例如,Card 和 Krueger(1994)用 DID 模型评估了美国联邦最低工资法对就业和收入的影响;吕越等(2019)用 DID 模型评估了"一带一路"倡议对 2005—2016 年中国企业绿地投资的投资促进效应;马述忠等(2023)用 DID 模型评估了东道国数据保护是否抑制中国电商跨境并购等。

9.1.2 双重差分法的特点与测算

1. 双重差分法的特点

(1)可以很大程度上避免内生性问题的困扰:政策相对于微观经济主体而言一般是外生的,因而不存在逆向因果问题。此外,使用固定效应估计一定程度上也缓解了遗漏变量偏误问题。

(2)传统方法下评估政策效应,主要是通过设置一个政策发生与否的虚拟变量然后进行回归,相较而言,双重差分法的模型设置更加科学,能更加准确地估计出政策效应。

(3)双重差分法的原理和模型设置很简单,容易理解和运用,并不像空间计量等方法让人望而生畏。

2. 双重差分的计算原理

表 9-1 双重差分的计算原理

	G1(Treat)	G2(Control)	Diff
Before change	$\bar{Y}_{t1}$	$\bar{Y}_{c1}$	
After change	$\bar{Y}_{t2}$	$\bar{Y}_{c2}$	
Diff	$\Delta Y_t = \bar{Y}_{t2} - \bar{Y}_{t1}$	$\Delta Y_c = \bar{Y}_{c2} - \bar{Y}_{c1}$	$Y = Y_t - Y_c$

表 9-1 中 $\bar{Y}_{t1}$ 表示政策发生前处理组（实验组）结果变量均值，$\bar{Y}_{t2}$ 表示政策发生后处理组（实验组）结果变量均值。$\bar{Y}_{c1}$ 表示政策发生前对照组（控制组）结果变量均值，$\bar{Y}_{c2}$ 表示政策发生后对照组（控制组）结果变量均值。Y 是该政策效应。

（1）模型的介绍。

$$y_{it} = \beta_0 + \beta_1 D_i + \beta_2 T + \gamma(D_i \times T) + \varepsilon_{it} \qquad (9-1)$$

D_i 是干预变量。$D_i = 1$，该政策实行；$D_i = 0$，该政策未实行。T 是时间变量。$T = 1$，政策实行后；$T = 0$，政策实行前。$D_i \times T$ 为分组虚拟变量与政策实施虚拟变量的交互项，其系数 γ 反映政策实施的净效应。

（2）模型构建的含义和理解。

双重差分模型政策效应如表 9-2 所示。

表 9-2　双重差分模型政策效应

	政策实施前	政策实施后	Diff
处理组	$\beta_0 + \beta_1$	$\beta_0 + \beta_1 + \beta_2 + \gamma$	$\beta_2 + \gamma$
对照组	β_0	$\beta_0 + \beta_2$	β_2
Diff	β_1	$\beta_1 + \gamma$	γ(D-in-D)

以图形表示如图 9-1 所示。

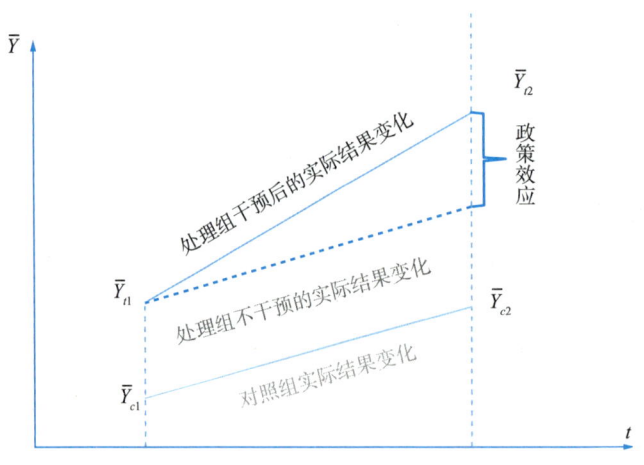

图 9-1　双重差分模型政策效应

9.2　双重差分法在农林经济管理中的应用

双重差分法是一种政策效应评估方法，计算在政策干预下处理组与对照组结果增量的差距。结果增量是通过两次差分来实现的，一次是组内差分，另一次是组间差分。

9.2.1 应用案例1

【例题 9-1】 2015 年初次到云南省西双版纳州沿茶马古道调研，对义武镇两名茶农甲、乙进行调研发现，2015 年甲乙二人经营茶叶收入分别为 5 万元和 6 万元；2016 年，农产品电商模式进入义武镇茶行业，茶农甲采取电商模式，收入为 11 万元，茶农乙并未采取，收入为 8 万元，见表 9-3。

表 9-3 电商加入对义武镇甲乙两名茶农收入影响的双重差分结果（2015—2016 年）单位：万元

	处理组（甲）(treat)	对照组（乙）(control)
电商实施前一年 $t-1$	5	6
电商实施后 t	11	8
组内差值（diff）	6	2

第一次差分：组内差分。

$$11-5=6，8-6=2$$

收入增长可能是其他因素，不能确定为引入电商模式引起的茶农收入增长。

第二次差分：组间差分。

$$6-2=4（政策处理效应）$$

收入增长，对两者收入的差值再做一次差分，结果为正值，可知采取电商模式对茶农增收是有效的。

9.2.2 应用案例1延伸

【例题 9-2】 对【例题 9-1】中的两名义武镇茶农进行追踪调研发现，茶农甲 2017 年经营茶叶收入 16 万元；茶农乙仍然未采取电商的模式经营茶产业，2017 年经营茶叶收入 11 万元，见表 9-4。

表 9-4 电商加入对义武镇甲乙两名茶农收入影响的双重差分结果（2015—2017 年）单位：万元

	处理组（甲）(treat)	对照组（乙）(control)
电商实施前一年 $t-1$	5	6
电商实施当年 t	11	8
电商实施后第一年 $t+1$	16	11
电商实施后收入均值 $\overline{Y}_i$	13.5	9.5
组内差值（diff）	8.5	3.5

与【例题 9-1】不同的是，新增了采取电商模式后的数据观测值，我们可以对实施后的观测值根据个体做平均处理，然后再进行新的差分。

第一次差分：组内差分。

$$13.5-5=8.5，9.5-6=3.5$$

收入增长可能是其他因素，不能确定为引入电商模式引起的茶农收入增长。

第二次差分：组间差分。

$$8.5-3.5=5（政策处理效应）$$

收入增长，对两者收入的差值再做一次差分，结果为正值，可知采取电商模式对茶农增收是有效的。

【例题 9-3】 通过对【例题 9-1】中的义武镇两名茶农的持续性调研，我们收集了更完整的数据信息。发现在义武镇茶产业电商模式尚未盛行时，2014 年茶农甲和乙经营茶产业收入分别为 4 万元和 5 万元，见表 9-5。

表 9-5　电商加入对义武镇甲乙两名茶农收入影响的双重差分结果（2014—2017 年）单位：万元

	处理组（甲）(treat)	对照组（乙）(control)
电商实施前二年 $t-2$	4	5
电商实施前一年 $t-1$	5	6
电商实施的当年 t	11	8
电商实施后第一年 $t+1$	16	11
电商实施前收入均值 $\bar{Y}_{ia}$	4.5	5.5
电商实施后收入均值 $\bar{Y}_{ib}$	13.5	9.5
组内差值（diff）	9	4

第一次差分：组内差分。

$$13.5-4.5=9，9.5-5.5=4$$

第二次差分：组间差分。

$$9-4=5（政策处理效应）$$

收入增长，对两者收入的差值再做一次差分，结果为正值，可知采取电商模式对茶农增收是有效的。

【例题 9-4】（多期 DID 拓展）调研义武镇 4 名茶农，发现茶农引入电商模式的时间是不一致的，2016 年甲引入电商模式，乙、丙和丁未引入，2017 年乙引入，2018 年丙引入，丁一直为未引入。4 名茶农收入如表 9-6 所示。

表 9-6 电商加入对义武镇四名茶农收入影响的多期双重差分结果（2014—2020 年）单位：万元

年份	甲（treat）	乙（treat）	丙（treat）	丁（control）
2014	4	5	4	6
2015	5	6	6	7
2016（甲）	11	8	7	9
2017（乙）	16	12	9	11
2018（丙）	20	17	15	13
2019	26	20	19	14
2020	30	26	24	17

（4+5）/2=4.5，（11+16+20+26+30）/5=20.6

（6+7）/2=6.5，（9+11+13+14+17）/5=12.8

ATT（甲，2016）=（20.6-4.5）-（12.8-6.5）=9.8

ATT（甲，2016）是对于甲而言的收入政策效应。

（5+6+8）/3=6.3，（12+17+20+26）/4=18.75

（6+7+9）/3=7.3，（11+13+14+17）/4=13.75

ATT（乙，2017）=（18.75-6.3）-（13.75-7.3）=6

ATT（乙，2017）是对于乙而言的收入政策效应。

（4+6+7+9）/4=6.5，（15+19+24）/3=19.3

（6+7+9+11）/4=8.25，（13+14+17）/3=14.7

ATT（丙，2018）=（19.3-6.5）-（14.7-8.25）=6.35

ATT（丙，2018）是对于丙而言的收入政策效应。

$\overline{ATT}$=[ATT（甲，2016）+ATT（乙，2017）+ATT（丙，2018）]/3=7.38

$\overline{ATT}$则是引入电商模式的整体收入政策效应，$\overline{ATT}$为正值，表示采取电商模式的行为对茶农增收是有效的。

9.2.3 应用案例 2

【例题 9-5】2016 年，电商开始入驻短视频市场，新的销售模式逐渐盛行。2017 年宜良县也开始经营账户并线上直播销售板栗产品。从 2015 年初次调研宜良县板栗产业开始，我们持续收集了宜良县 129 个板栗农户的 2010—2020 年经营板栗产业收入情况和每年县农村从业人数，研究分析直播销售板栗对种植板栗农户收入的影响。调查的 129 个板栗农户仅有 6 个进行线上直播销售。

1. 数据处理

个体变量名：id，时间变量名：$year$，被解释变量名：y，控制变量名：$x1$。

（1）设置面板数据。

xtset id（个体）year（时间）

（2）设置政策时间。

gen time=（year>=2017）& ！ missing（year）

（3）设置对照组。

gen treated=（id<6）& ！ missing（id）

（4）设置政策和分组虚拟变量的交互项。

gen did=time* treated

2. 基准回归

基准回归是 DID 模型实证分析过程中不可缺少的一步。它是通过对 DID 模型进行回归，得到核心解释变量（交互项）的系数，根据系数的符号、大小、显著性来判断所研究政策对被解释变量的影响，进而确定所研究政策的推行对研究个体的影响。基准回归可以选择控制变量、个体固定效应、时间固定效应等进行回归，通过比较不同设定下核心解释变量系数的大小和显著性，以确定最合适的 DID 模型进行实证研究。

OLS 回归：通过使用普通最小二乘法（Ordinary Least Squares，OLS）进行回归分析，得到核心解释变量（交互项）的系数。

FE 回归：通过使用固定效应法（Fixed Effects，FE）进行回归分析，引入个体固定效应和时间固定效应，消除那些不可观测的非时变因素的影响，得到核心解释变量（交互项）的系数。

外部命令：通过使用 STATA 的外部命令 Diff 进行回归分析，该命令可以自动进行 OLS 回归和 FE 回归，并给出检验结果。

（1）DID 基准回归方法一。

命令：Diff 被解释变量 t（控制试验的虚拟变量），p（政策开始的时间）

Diff 作为外部命令，一般需要先安装。

安装命令：ssc install diff

```
DIFFERENCE-IN-DIFFERENCES ESTIMATION RESULTS
Number of observations in the DIFF-IN-DIFF: 1419
            Before       After
  Control:  868          496         1364
  Treated:  35           20          55
            903          516

Outcome var.    y         S. Err.    |t|       P>|t|

Before
  Control       0.683
  Treated       1.098
  Diff (T-C)    0.414     0.056      7.37      0.000***
After
  Control       1.159
  Treated       1.837
  Diff (T-C)    0.678     0.074      9.11      0.000***

Diff-in-Diff    0.263     0.093      2.82      0.005***

R-square:    0.38
* Means and Standard Errors are estimated by linear regres
**Inference: *** p<0.01; ** p<0.05; * p<0.1
```

图 9-2　DID 基准回归方法一处理结果

从图 9-2 中可以看出：Diff-in-Diff 变量值为 0.263，该变量 p 值为 0.005，且通过 1% 的显著性检验，说明直播销售板栗可以促进种植板栗农户的收入增加。

（2）DID 基准回归方法二。

命令：reg y did time treated

```
. reg y did time treated

      Source |       SS           df       MS      Number of obs   =     1,419
-------------+----------------------------------   F(3, 1415)      =    288.47
       Model |  92.1091758         3  30.7030586   Prob > F        =    0.0000
    Residual |  150.604861     1,415  .106434531   R-squared       =    0.3795
-------------+----------------------------------   Adj R-squared   =    0.3782
       Total |  242.714037     1,418  .171166458   Root MSE        =    .32624

           y | Coefficient  Std. err.      t    P>|t|     [95% conf. interval]
-------------+----------------------------------------------------------------
         did |   .2634051   .0932734     2.82   0.005     .0804362    .446374
        time |   .4756113   .0183632    25.90   0.000     .4395893    .5116333
     treated |    .414371    .056246     7.37   0.000     .3040366    .5247054
       _cons |   .6834976   .0110734    61.72   0.000     .6617755    .7052196
```

图 9-3　DID 基准回归方法二处理结果

图 9-3 中交互项 did 的系数为 0.26，p 值为 0.005，且通过 1% 的显著性检验，说明直播销售板栗可以促进种植板栗农户的收入增加。

9.2.4　应用案例 2 延伸

【例题 9-6】（多期 DID 拓展）2016 年，电商开始入驻短视频市场，新的销售模式逐渐盛行。同年宜良县也开始经营账户并线上直播销售板栗产品。从 2015 年初次调研宜良县板栗产业开始，我们持续收集了宜良县 53 个板栗农户的 2010—2022 年经营板栗产业收入情况和每年县农村从业人数，研究分析直播销售板栗对种植板栗农户的收入的影响。调查发现农户进行线上直播销售的时间不一致，有 1 个农户 2016 年开始直播销售板栗农产品，有 5 个农户 2017 年开始直播销售板栗农产品，有 2 个农户 2018 年开始直播销售板栗农产品，有 1 个农户 2019 年开始直播销售板栗农产品。

1. 数据处理

（1）打开面板数据，将面板数据与 11.dta 的数据合并。

joinby id using "C：\Users\从一而终\Desktop\11.dta"

（2）设置政策和分组虚拟变量的交互项。

gen t=0

replace t=1 if year>=time

gen did=treated*t

2. 基准回归

使用高级回归和面板回归两种方式（都采用双向固定效应），a1 为高级回归，a2 为面板回归。

高级回归命令：reghdfe y did，absorb（id year）（需提前安装 ssc install reghdfe）

面板回归命令：xtreg y did i.year，fe（fe 本身就有个体效应的含义，所以该命令是时间和个体的双向固定效应）

回归结果见表 9-7。

表 9-7 多期 DID 回归结果

	a1	a2
VARIABLES	y	y
did	0.121**	0.121**
	（0.061）	（0.061）
Constant	0.995***	1.303***
	（0.011）	（0.036）
Observations	583	583
R-squared	0.720	0.593
yearfix	YES	YES
idfix	YES	YES
Number of id		53

注：*** 表示 $p<0.01$，** 表示 $p<0.05$。

从表 9-7 中可以看出，两种方法 did（交互项）系数均为 0.121，并通过 5% 的显著性检验，说明直播销售板栗可以促进种植板栗农户的收入增加。

9.2.5 DID 模型加入控制变量

DID 在一定程度上可以减小遗漏变量偏误（主要是消除那些不可观测的非时变因素，为了使估计结果尽可能准确，模型中还是要加入控制变量）。

1．【例题 9-5】加入控制变量（县农村从业人数）

（1）加入控制变量的基准回归方法一。

命令：Diff 被解释变量 t（控制试验的虚拟变量），p（政策开始的时间），cov（控制变量）

```
DIFFERENCE-IN-DIFFERENCES ESTIMATION RESULTS
Number of observations in the DIFF-IN-DIFF: 1419
             Before        After
  Control:   868           496         1364
  Treated:   35            20          55
             903           516

Outcome var.    y        S. Err.    |t|       P>|t|

Before
  Control      0.682
  Treated      1.097
  Diff (T-C)   0.415    0.057      7.31      0.000***
After
  Control      1.158
  Treated      1.836
  Diff (T-C)   0.679    0.075      9.06      0.000***

Diff-in-Diff   0.263    0.093      2.82      0.005***

R-square:    0.38
* Means and Standard Errors are estimated by linear regression
**Inference: *** p<0.01; ** p<0.05; * p<0.1
```

图 9-4 DID 加入控制变量的基准回归方法一处理结果

从图 9-4 中可以看出：在加入控制变量县农村从业人数后，Diff-in-Diff 变量值为 0.263，该变量 p 值为 0.005，通过 1% 的显著性检验，说明直播销售板栗可以促进种植板栗农户的收入增加，且排除了农村从业人数对直播销售板栗促进种植板栗农户的收入增加结论的影响。

（2）加入控制变量的基准回归方法二。

命令：reg y did time treated x1

```
. reg y did time treated x1

      Source |       SS           df       MS      Number of obs   =    1,419
-------------+----------------------------------   F(4, 1414)      =   216.20
       Model |  92.1106126         4  23.0276531   Prob > F        =   0.0000
    Residual |  150.603424     1,414  .106508787   R-squared       =   0.3795
-------------+----------------------------------   Adj R-squared   =   0.3777
       Total |  242.714037     1,418  .171166458   Root MSE        =   .32636

           y | Coefficient  Std. err.      t    P>|t|     [95% conf. interval]
-------------+----------------------------------------------------------------
         did |   .2634499   .0933067     2.82   0.005     .0804155    .4464843
        time |   .4755846    .018371    25.89   0.000     .4395472     .511622
     treated |   .4152921   .0568218     7.31   0.000     .3038281    .5267562
          x1 |   .0000867   .0007464     0.12   0.908    -.0013774    .0015508
       _cons |   .6819946   .0170342    40.04   0.000     .6485796    .7154096
```

图 9-5 DID 加入控制变量的基准回归方法二处理结果

从图 9-5 中可以看出：在加入控制变量县农村从业人数后，交互项 did 系数也为 0.263，p 值为 0.005，通过 1% 的显著性检验，说明直播销售板栗可以促进种植板栗农户的收入增加，且排除了农户从业人数对直播销售板栗促进种植板栗农户的收入增加结论的影响。

2.【例题 9-6】加入控制变量（县农村从业人数）

基准回归用高级回归和面板回归两种方式（都采用双向固定效应），a1 为高级回归，a2 为面板回归，结果如表 9-8 所示。

高级回归命令：reghdfe y did x1，absorb（id year）(需提前安装 ssc install reghdfe)

面板回归命令：xtreg y did x1 i.year，fe（fe 本身就有个体效应的含义，所以该命令是时间和个体的双向固定效应）

表 9-8　加入控制变量后多期 DID 回归结果

VARIABLES	a1	a2
	y	y
did	0.116*	0.116*
	(0.061)	(0.061)
x1	−0.003*	−0.003*
	(0.002)	(0.002)
Constant	1.066***	1.373***
	(0.042)	(0.054)
Observations	583	583
R-squared	0.722	0.595
yearfix	YES	YES
idfix	YES	YES
Number of id		53

注：*** 表示 $p<0.01$，* 表示 $p<0.1$。

从表 9-8 中可以看出，两种方法 did（交互项）系数均为 0.116，并通过 10% 的显著性检验，说明直播销售板栗可以促进种植板栗农户的收入增加。

9.3　双重差分模型检验

9.3.1　平行趋势检验

平行趋势检验是采用 DID 模型的一个重要前提条件，它要求处理组和对照组在政策实施之前必须具有相同的发展趋势，这样才能保证 DID 估计量真正反映了政策效应，而不受其他因素的干扰。

1. 平行趋势检验的主要方法

（1）时间趋势图：通过绘制处理组和对照组的目标变量随时间的变化图，直观地比较两组在政策实施前后的差异，如果两组在政策实施前呈现平行或接近平行的趋势，而在政策实施后出现明显的分离，说明平行趋势假设成立。

（2）置信区间图：通过引入有限个时间虚拟变量，并将其与处理组虚拟变量交互，得到不同期数的DID估计量及其置信区间，绘制置信区间图，观察置信区间是否包含零轴，如果政策实施前的置信区间包含零轴，而政策实施后的置信区间不包含零轴，说明平行趋势假设成立。外部命令：通过使用STATA的外部命令tvdiff或did_multiplegt进行平行趋势检验，这些命令可以自动进行回归分析和图形绘制，并给出检验结果。

2. 现在DID模型主流的平行趋势检验算法

（1）事件研究法：通过引入有限个时间虚拟变量，并将其与处理组虚拟变量交互，得到不同期数的DID估计量及其置信区间，绘制置信区间图，观察置信区间是否包含零轴，如果政策实施前的置信区间包含零轴，而政策实施后的置信区间不包含零轴，说明平行趋势假设成立。

（2）合成控制法：使用合成控制法（Synthetic Control Method，SCM）构建一个合成对照组，该对照组是由多个未受到政策影响的单元加权组合而成的，使得合成对照组在政策实施前与处理组尽可能接近。然后比较处理组和合成对照组在政策实施后的差异，如果差异显著且持续存在，说明平行趋势假设成立。

（3）广义双重差分法：使用广义双重差分法（Generalized Difference-in-Differences，GDD）构建一个连续性指标（Continuity Index，CI)，该指标衡量了每个单元在政策实施前后的连续性程度。然后将CI作为解释变量与处理效应虚拟变量交互，并进行回归分析。如果交互项的系数不显著，说明平行趋势假设成立。

3. 【例题9-5】的平行趋势检验结果

直播销售板栗模式在2017年实施后，种植板栗农户的收入差距在逐渐扩大。图9-6是平行趋势检验的图形，其中 *tty* 为处理组收入均值，*ccy* 为对照组收入均值。

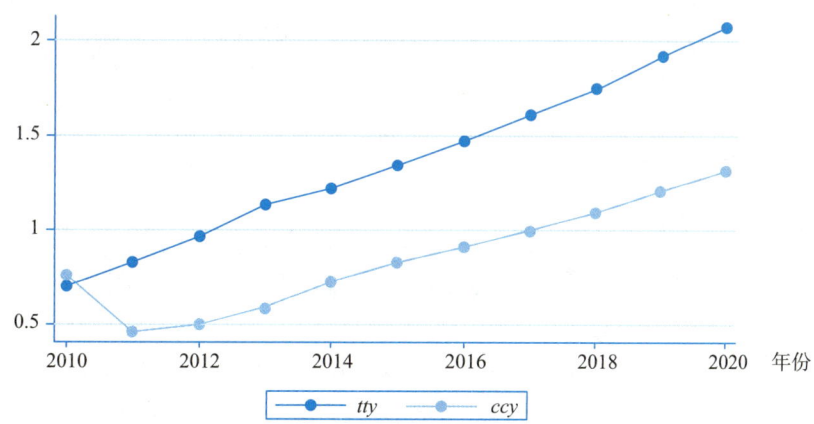

图9-6 【例题9-5】的平行趋势检验（时间趋势图）

操作步骤：

gen ty=y if id<6（处理组收入）

gen cy=y if id>=6（对照组收入）

bysort year：egen tty=mean（ty)(每年处理组收入均值）

bysort year：egen ccy=mean（cy）（每年对照组收入均值）

scatter tty year，c（1）|| scatter ccy year，c（1）（画图）

9.3.2 稳健性检验

稳健性检验是为了确保所有效应确实是由政策实施所导致的，而不是受其他因素的干扰。稳健性检验主要包括两个方面：一是共同趋势的检验，即处理组和对照组在政策实施之前必须具有相同的发展趋势，这是 DID 最为重要和关键的前提条件；二是处理变量对产出变量作用机制的排他性检验，即要排除同时发生了其他可能影响趋势变化的政策或因素，这样才能保证 DID 估计量真正反映了政策效应。

1. 稳健性检验的主要方法

（1）改变样本范围：通过缩小或扩大样本范围，比如只选取政策实施前后最近几年的数据，或者选取政策实施前后更长时间段的数据，看是否对 DID 估计量有显著影响。

（2）改变控制变量：通过增加或减少控制变量，比如加入一些可能与政策效应相关的协变量，或者去掉一些可能与政策效应无关的协变量，看是否对 DID 估计量有显著影响。

（3）改变模型设定：通过不同的模型设定，比如引入个体固定效应、时间固定效应、随机效应、混合效应等，看是否对 DID 估计量有显著影响。

2. 软件操作

（1）个体固定效应：用来捕捉不随时间变化的个体之间的差异，可以克服遗漏变量的问题。图 9-7 为【例题 9-5】的 DID 个体固定效应检测结果。

图 9-7 【例题 9-5】的 DID 个体固定效应检测结果

命令：xtreg y did x1，fe

（2）时间固定效应：可以解决不随个体变化但随着时间而变化的遗漏变量问题，例如用来捕捉经济周期以及宏观经济变化。图 9-8 为【例题 9-5】的 DID 时间固定效应检测结果。

命令：xtreg y did x1 i.year，fe

```
                                          F(12,1278)        =     192.12
     r(u_i, Xb) = -0.0042                 Prob > F          =     0.0000

           y │ Coefficient  Std. err.       t    P>|t|    [95% conf. interval]
─────────────┼──────────────────────────────────────────────────────────────
         did │   .2613462   .0619868     4.22   0.000     .1397391    .3829532
          x1 │  -.0039877    .001598    -2.50   0.013    -.0071227   -.0008528
             │
        year │
        2011 │  -.2769645    .026996   -10.26   0.000     -.329926   -.2240031
        2012 │  -.2305117   .0269951    -8.54   0.000    -.2834713    -.177552
        2013 │  -.1352497   .0269947    -5.01   0.000    -.1882085   -.0822909
        2014 │  -.0048659   .0269949    -0.18   0.857     -.057825    .0480932
        2015 │   .0958473   .0269954     3.55   0.000     .0428872    .1488074
        2016 │   .1864682   .0269975     6.91   0.000      .133504    .2394324
        2017 │   .2678902   .0271076     9.88   0.000     .2147098    .3210705
        2018 │   .3645103   .0271104    13.45   0.000     .3113244    .4176961
        2019 │   .4791685   .0271128    17.67   0.000     .4259779     .532359
        2020 │   .5870541   .0271129    21.65   0.000     .5338634    .6402449
             │
       _cons │   .8192389    .032896    24.90   0.000     .7547028    .8837751
```

图 9-8 【例题 9-5】的 DID 时间固定效应检测结果

9.3.3 安慰剂检验

安慰剂检验是一种常用的稳健性检验方法，它是通过虚构处理组或政策时点进行回归，看是否能得到类似的结果。如果不同虚构方式下 DID 估计量的回归结果依然显著，说明原来的估计结果很有可能出现了偏误。安慰剂检验可以有多种方式，比如改变政策时间、选取不受政策影响的群组或因素等。

1. 安慰剂检验方法

（1）①政策时间提前。具体可以选取政策实施之前的年份进行处理，比如原来的政策发生在 2008 年，研究区间为 2007—2009 年，这时可以将研究区间前移至 2005—2007 年，并假定政策实施年份为 2006 年，然后进行回归。选取已知的并不受政策实施影响的群组作为处理组进行回归。如果不同虚构方式下 DID 估计量的回归结果依然显著，说明原来的估计结果很有可能出现了偏误（政策时间提前处理与进行 DID 基准回归处理之前的操作是一致的）。

（2）样本随机性影响。某些随机性因素同样可能导致得到显著的估计结果，特别是在样本量比较小的情况下。置换检验作为一种安慰剂检验方法，能够帮助辨别估计的结果是有统计学意义还是随机产生的。

2. 安慰剂检验的软件操作

图 9-9 是随机抽取 70 个样本，抽取 500 次的估计系数的结果。不难发现，交互项 did 的实际值在实验组随机抽取样本中属于异常值，符合安慰剂的预期。

操作步骤：

```
cd "C:\Users\从一而终\Desktop\新建文件夹（2）"（引号内是数据文件存放位置的路径）
use "123.dta"（直接打开数据）
xtset id year
gen time=(year>=2017)&! missing(year)
gen treated=(id<6)&! missing(id)
gen did=time* treated
permute did beta=_b[did], reps(500) seed(70) saving("1234.dta"):
reghdfe y did, absorb(id year)
（随机抽取70个样本，抽取500次）
use "1234.dta", clear
dpplot beta, xline(0.26, lc(black*0.5) lp(dash)) xline(0, lc(black*0.5)
lp(solid)) xtitle("Estimator",size(*0.8)) xlabel(-0.05(0.1)0.05,labsize(small))
ytitle("Density", size(*0.8)) ylabel(, nogrid format(%4.1f) labsize(small))
note("") caption("") graphregion(fcolor(white))（画图命令需要先安装ssc install
dpplot）
```

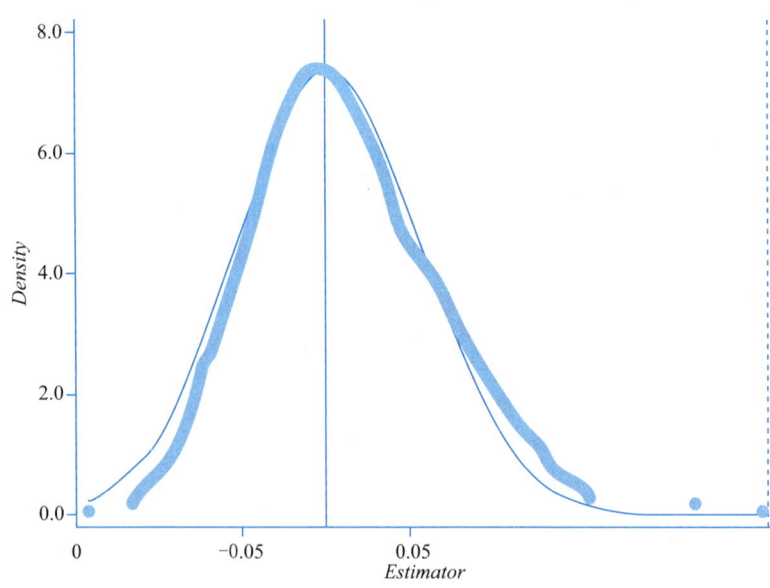

图 9-9 【例题 9-5】的安慰剂检验结果

9.3.4 其他 DID 模型

（1）多期 DID 模型：传统 DID 模型假定处理组的所有个体开始受到政策冲击的时间点均完

全相同，但实际上会出现处理组个体接受处理时间点不一致的情况，比如高铁在不同地方开通的时间不一致。多期DID（Time-varying DID）模型，也被称为多时点DID模型或异时DID模型，用于描述个体的处理期时间点不完全一致的情况。

（2）队列DID模型：Cohort DID（队列DID）是一种巧妙的计量识别策略，常用于评估特殊历史事件对个体和家庭的长期影响。传统DID模型一般有地区和时间两个维度。但是，截面数据由于缺少时间维度，只能由个体的出生队列（年份）代替，这也是"队列DID"名称的由来。

（3）PSM-DID模型：这是一种结合倾向得分匹配（PSM）和DID的模型，它可以利用倾向得分匹配方法来选择处理组和对照组，从而减少选择偏误和提高平衡性。它的特点是可以降低共同趋势假设对结果的影响，同时也可以提高估计精度和可信度。它适用于政策实施具有非随机性质，且处理组和对照组之间存在明显差异的情况。PSM-DID模型的基本思想是，在总的控制组中使用PSM方法构造出一个与处理组具有共同趋势的控制组，即在总的控制组中选择与处理组具有相同或相似倾向得分值的样本，作为处理组实际使用的控制组，使得处理组与控制组满足共同趋势假设。

（4）RDD模型：这是一种使用回归中断设计（Regression Discontinuity Design，RDD）的模型，它可以利用一个连续变量作为划分处理组和对照组的阈值（或切入点），从而利用阈值附近的观测值来估计政策效应。它的特点是可以避免内生性问题和遗漏变量偏误问题，同时也可以提高因果推断的有效性。它适用于政策实施具有明确规则或标准，且根据一个连续变量来确定是否受到政策影响的情况。

9.4 思考与练习

一、思考题

1. 双重差分的原理是什么？
2. 为什么会将这种方法称为双重差分？直接用两个总体的均值的差值进行一次差分为什么不能识别政策的效应？
3. 什么是平行趋势检验？平行趋势检验是不是必需的？
4. 使用双重差分时，如果不满足平行趋势检验该怎么办？
5. 稳健性检验的主要方法有哪些？
6. 安慰剂检验的原理是什么？
7. DID模型有哪些拓展模型？它们与DID模型有何不同之处？

二、软件操作题

8. 某县甲、乙二人养殖大鹅，国家在2020年颁布某养殖业的政策，现有甲、乙二人2018—2022年养殖大鹅的收入情况，见表9-9。甲养殖户2020年实施了该政策。问：该政策是否有效提升了养殖户收入？

表9-9 甲、乙二人2018—2022年养殖大鹅的收入情况　　　　　单位：万元

年份	甲（treat）	乙（control）
2018	3	5
2019	5	6
2020	8	8
2021	12	10
2022	16	12

9. 某县甲、乙、丙三人养殖乌鸡，国家在2018年颁布某养殖业的政策，现有甲、乙、丙三人2017—2022年养殖乌鸡的收入情况，见表9-10。甲养殖户2018年实施了该政策，乙养殖户2020年实施了该政策，丙养殖户并未实施该政策。问：该政策是否有效提升了养殖户收入？

表9-10 甲、乙和丙三人2017—2022年养殖乌鸡的收入情况　　　　单位：万元

年份	甲（treat）	乙（treat）	丙（control）
2017	1	2	4
2018	3	3	5
2019	6	5	7
2020	10	8	9
2021	15	14	12
2022	18	19	14

10. 某县甲、乙、丙、丁、戊五人养殖品种牛，国家在2018年颁布某养殖业的政策，现有甲、乙、丙、丁、戊五人2017—2022年养殖品种牛的收入情况：甲收入分别为12万元、17万元、22万元、29万元、35万元、39万元，乙收入分别为24万元、27万元、30万元、32万元、35万元、36万元，丙收入分别为15万元、17万元、19万元、24万元、29万元、36万元，丁收入分别为22万元、24万元、26万元、27万元、30万元、33万元，戊收入分别为18万元、22万元、28万元、33万元、39万元、43万元。甲、戊养殖户2018年实施了该政策，丙养殖户2020年实施了该政策，乙和丁养殖户并未实施该政策。问：该政策是否有效提升了养殖户收入？

期末检测题

一、单项选择题（20分）

1. 从《中国统计年鉴》上查到了2022年各省份GDP的数据，这份数据属于（　　）。
   A. 时间序列数据　　　　　　　　B. 截面数据
   C. 面板数据　　　　　　　　　　D. 不规则数据

2. 描述总体特征和样本特征的分别是（　　）。
   A. 总体和样本　　　　　　　　　B. 概率和频率
   C. 参数和统计量　　　　　　　　D. 变量和观测值

3. 离散系数又称为变异系数（CV），它的计算公式是（　　）。
   A. 一组数据的标准差与平均数的比值　B. 一组数据的方差与平均数的比值
   C. 一组数据的标准差与中位数的比值　D. 一组数据的极差与平均数的比值

4. 样本方差又可以称为（　　）。
   A. 样本的2阶矩　　　　　　　　B. 样本的2阶中心矩
   C. 样本的1阶矩　　　　　　　　D. 样本的1阶中心矩

5. 评价估计量的标准主要有三个，分别是（　　）。
   A. 均值、方差、标准差　　　　　B. 估计值、估计量、统计量
   C. 准确性、有效性、一致性　　　D. 无偏性、有效性、一致性

6. 进行一个总体的均值区间估计时，要用到T统计量的情况是（　　）。
   A. 小样本总体方差未知　　　　　B. 小样本总体标准差已知
   C. 大样本总体方差已知　　　　　D. 大样本总体标准差未知

7. 假设检验时，假设条件中的等号（　　）。
   A. 原假设和备择假设都要带　　　B. 原假设和备择假设都可以带
   C. 原假设和备择假设都不带　　　D. 原假设带，备择假设不能带

8. 方差分析中所检验的对象称为因子，也可以称为（　　）；因子的不同表现可以称为水平，也可以称为（　　）。
   A. 因素、处理　　　　　　　　　B. 变量、观测值
   C. 实际值、理论值　　　　　　　D. 以上都不对

9. 不是正相关关系的是（　　）。
   A. 化肥施用量和农作物的产量　　B. 通货膨胀率和失业率
   C. 父母的平均身高和子女的身高　D. 跑步的时间和氧气的消耗量

10. 为了检验回归时是否存在多重共线性的问题，我们应该测算一下（　　）。
A. 拟合优度　　　　　　　　　B. 方程的线性关系显著性
C. 变量回归系数的显著性　　　D. 方差膨胀因子

二、判断题（20分）

1. 不管样本量的大小如何，频率都等于概率。（　　）
2. 平均数在表示观测对象的水平时容易受到极端值的影响，但是中位数不受极端值的影响。（　　）
3. 统计学中，值为正的数据的几何平均数一定小于或者等于其算数平均数。（　　）
4. 5个标准正态分布的和是一个自由度为5的卡方分布。（　　）
5. T分布和正态分布的图形很相似，但正态分布的峰度更大，T分布的自由度越大就越接近于正态分布。（　　）
6. F分布是卡方分布的比值，并且分子的自由度大于分母的自由度。（　　）
7. 方差分析中组内平方和一定大于组间平方和。（　　）
8. 两个变量相关性的强弱，可以用相关系数来衡量。（　　）
9. 如果两个变量的相关性弱，相关系数的值接近于0.1，这两个变量不具备做回归分析的基本条件。（　　）
10. 回归直线的拟合优度 R^2 在 [-1, 1] 上取值，绝对值越接近于1，拟合优度就越好。（　　）

三、名词解释（20分）

1. 多阶段抽样
2. 四分位差
3. 区间估计
4. 独立性检验
5. 指数平滑法

四、计算题（40分）(计算结果小数点后保留两位)

1. 利用下面的信息，建构总体均值的置信区间。
（1）总体服从正态分布，已知 $\sigma = 500, n = 15, \bar{x} = 8900$，置信水平为95%。
（2）总体不服从正态分布，已知 $\sigma = 500, n = 35, \bar{x} = 8900$，置信水平为90%。
（3）总体不服从正态分布，σ 未知，$n = 35, \bar{x} = 8900, s = 500$，置信水平为95%。
（4）总体不服从正态分布，σ 未知，$n = 35, \bar{x} = 8900, s = 500$，置信水平为99%。

2. 某电子元件的寿命 X 服从正态分布。现测得 16 只元件的寿命如下：

单位：小时

159	280	101	212	224	379	179	264
222	362	168	250	149	260	485	170

是否有理由认为该元件的平均寿命显著地大于 225 小时（$\alpha = 0.05$）？

3. 市场研究人员为研究不同收入群体对某种特定商品是否有相同的购买习惯，调查了四个不同收入组的消费者共 527 人。购买习惯分为：经常购买、不购买、有时购买。调查结果如下：

项目	低收入组	偏低收入组	偏高收入组	高收入组
经常购买	25	40	47	46
不购买	69	51	74	57
有时购买	36	26	19	37

要求：

（1）提出假设。

（2）计算卡方统计量。

（3）以 0.1 的显著性水平进行检验。

（4）计算 φ 相关系数、c 相关系数、V 相关系数。

4. 从 3 所学校中抽取数量不同的学生 3 分钟跳绳次数的数据如下：

学校 1	学校 2	学校 3
158	153	169
148	142	158
161	156	180
154	149	
169		

结合表中的数据，请用方差分析的方法检验一下 3 所学校学生跳绳水平有没有显著差异（显著性水平为 0.05）。

参考文献

［1］黄晓玉，王兰会.SPSS 24.0统计分析［M］.北京：中国人民大学出版社，2021.
［2］李运华，杨新宇.教育与心理统计学［M］.南昌：江西高校出版社，2020.
［3］王培刚，梁静，张刚鸣.多元统计分析与SAS实现［M］.武汉：武汉大学出版社，2020.
［4］高祖新，言方荣.概率论与数理统计［M］.南京：南京大学出版社，2020.
［5］卢俊峰，龚小庆.统计学［M］.杭州：浙江工商大学出版社，2020.
［6］李军红，李付庆，范建民.统计学［M］.南京：南京大学出版社，2020.
［7］彭新宇，李喜梅，汪晓昀.经济统计学［M］.厦门：厦门大学出版社，2020.
［8］李莉.统计学原理与应用［M］.南京：南京大学出版社，2019.
［9］邢西治.统计学原理［M］.南京：南京大学出版社，2019.
［10］王志平.数据、模型与软件统计分析［M］.南昌：江西高校出版社，2019.
［11］刘爱荣.统计学［M］.重庆：重庆大学出版社，2019.
［12］赵丽，胡翻.统计学基础［M］.南京：南京大学出版社，2017.
［13］李洪成，张茂军，马广斌.SPSS数据分析实用教程［M］.北京：人民邮电出版社，2017.
［14］宋冬梅，崔琳琳.管理统计学实验教程［M］.南京：南京大学出版社，2017.
［15］崔琳琳，汤晓明，宋辉.管理统计学［M］.南京：南京大学出版社，2017.
［16］黄英，刘亚琼，胡晓峰，等.统计学［M］.重庆：重庆大学出版社，2017.
［17］朱平芳.统计学理论前沿［M］.上海：上海社会科学院出版社，2016.
［18］梁超.统计学案例与实训教程［M］.北京：人民邮电出版社，2016.
［19］徐晓岭，王磊.统计学［M］.北京：人民邮电出版社，2015.
［20］杨轶莘.大数据时代下的统计学［M］.北京：电子工业出版社，2015.
［21］龚凤乾.哈罗德·杰弗里统计思想研究［M］.厦门：厦门大学出版社，2015.
［22］蒲括，邵朋.精通Excel数据统计与分析［M］.北京：人民邮电出版社，2014.